ROBERTO MARQUEZ

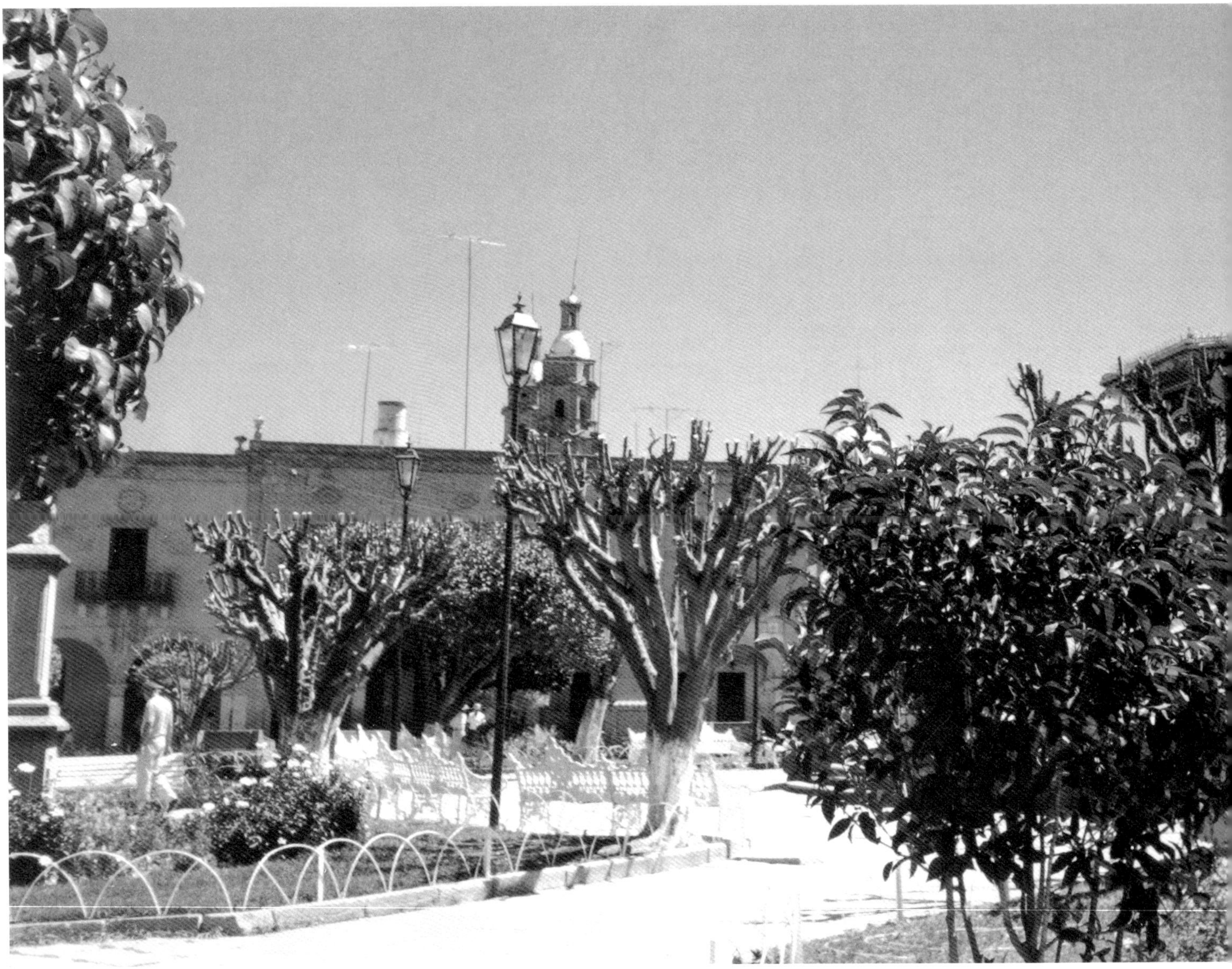

San Miguel el Alto, Jalisco

LA PERPETUA INFANCIA

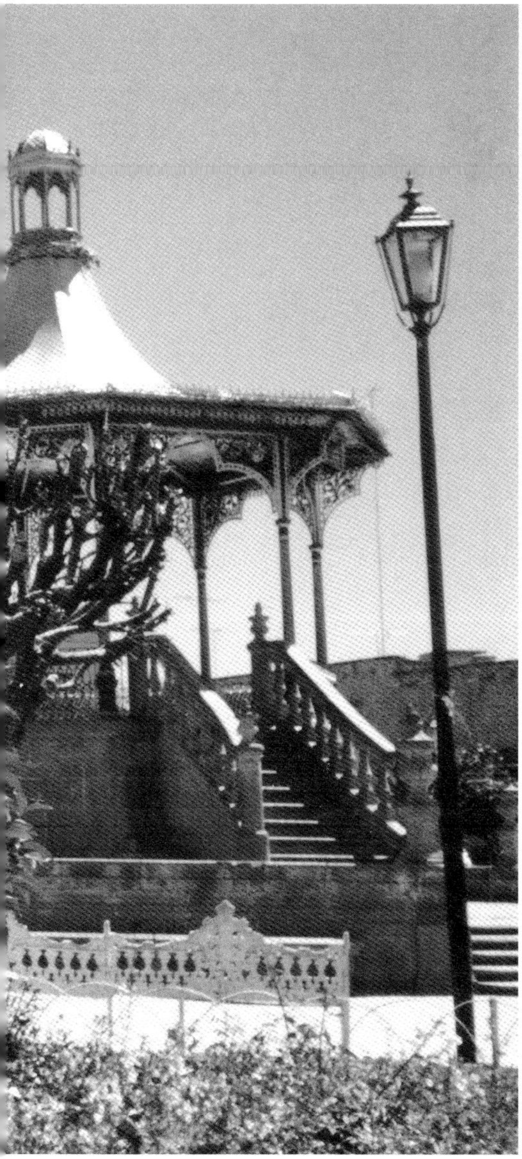

Todo da principio con el Angel. Todo da principo.
Los niños avanzan en duermevela, buscan,
en habitaciones cerradas, el verbo que emerge
del espejo en la penumbra. La desnudez
será la nuez que robaron en el sueño, la impenetrable.
Juegan con oro, con la espiral que arranca
en la luna semental del toro, escupen fuego o disuelven
sus huesos en el aire. Cantan. Nadan en el mar.
Sus voces ahogadas en la Bañera son el desvelo del mar.
En toda infancia hay un puñal, un ángel, una errancia
de plumas en la sangre. En toda infancia hay un nosotros.
La raíz de aquella luz es de la luz, el cometa
dejó su cauda entre las manos. Nadie vuelve a trepar
el mismo árbol, sólo es posible subir la ausencia del árbol.
Lo permitido es sufrir la ausencia del árbol.
Quedan, a veces, alfabetos. Raspaduras clandestinas
sobre el muro. Giros, girones de una mano febril. Musica.
El niño fabrica la colmena del tiempo. Sabe que no hay
tiempo que perder para vivir en un trazo todo el tiempo.

Jorge Esquinca
Guadalajara, 1994

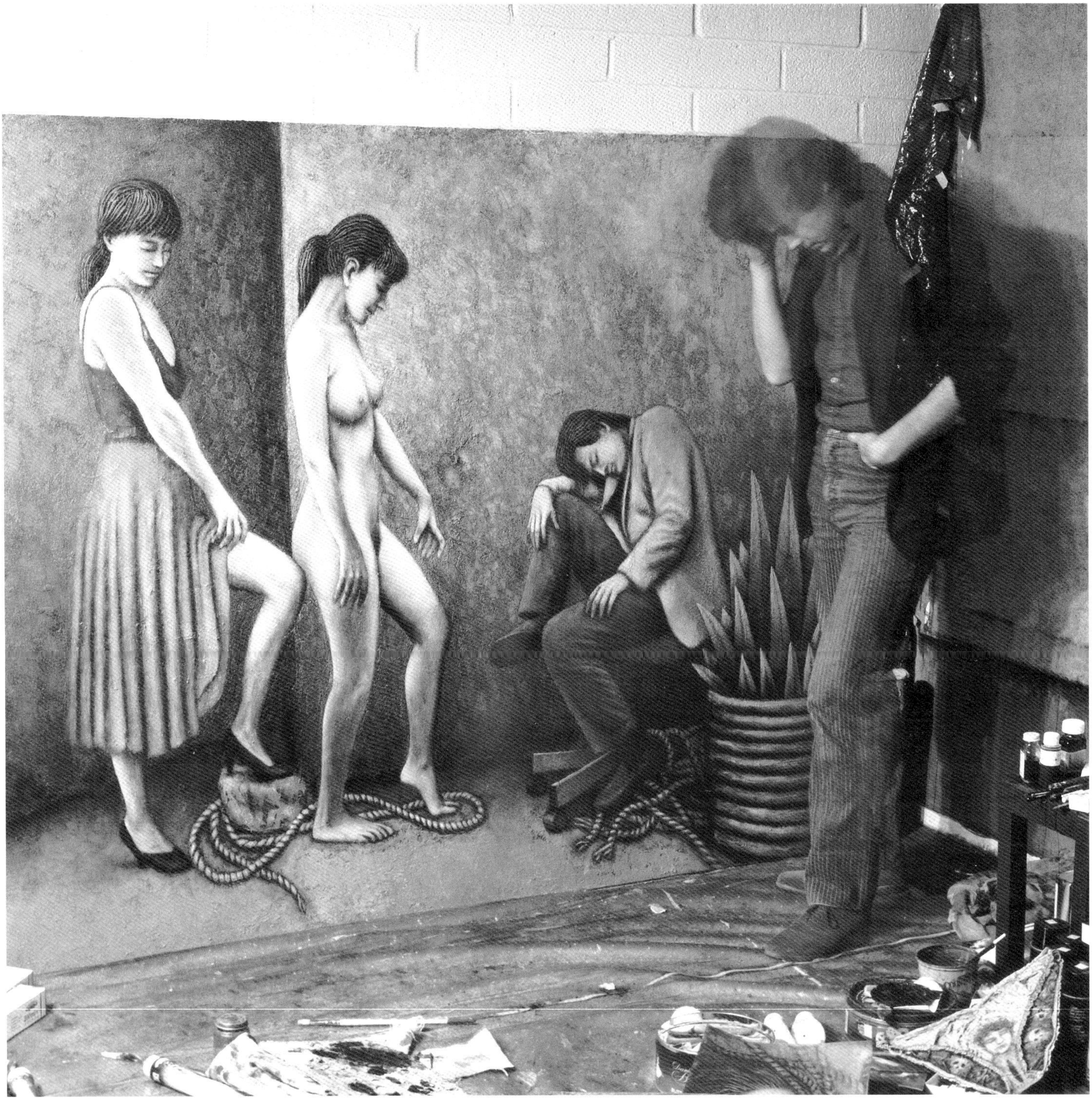

Photo: Roberto C. Buitrón

Roberto Márquez, 1988

BY EDWARD J. SULLIVAN

WITH AN INTRODUCTION BY
PIERRE RESTANY

ROBERTO MARQUEZ

SOJOURNS IN THE LABYRINTH

A SURVEY OF PAINTINGS: 1984 – 1994

TUCSON MUSEUM OF ART ● ARIZONA
RIVA YARES GALLERY ● SCOTTSDALE, AZ ● SANTA FE, NM
GALERIA FERNANDO QUINTANA ● BOGOTA, COLOMBIA
PUEBLO ARTS, INC. ● PUBLISHERS

This publication was prepared on the occasion of the exhibition, "Roberto Márquez: A SURVERY OF PAINTINGS, 1984-1994," organized by The Tucson Museum of Art and the Riva Yares Gallery.

The exhibition and publication was made possible in part by Tucson/Pima Arts Council, Hughes Missle Systems Co., Bank One Foundation and Southwest Gas Corporation.

April 8 - June 5, 1994
TUCSON MUSEUM OF ART

Designer: D.D. Yares
Editors: D.D. Yares & Joanne Stuhr
Production Supervision: The Printmaker, LTD.
Photography: Bill McLemore & Lynn Lown

Inquiries should be addressed to Pueblo, Inc.,
3625 Bishop Lane, Scottsdale, Arizona, 85251

Printed in Hong Kong through Palace Press, International
San Francisco, California
First Edition

Library of Congress Cataloging-in-Publication Data

Sullivan, Edward J.
Marquez, Roberto
Published in conjunction with an exhibition organized by Joanne Stuhr at the Tucson Museum of Art from April 8-June 5, 1994.

ISBN 0-911611-00-2

Cover: TE MOSTRARE EL PELIGRO 1994
I Will Show You Danger
oil on canvas 72"x60"
Riva Yares Gallery, Scottsdale, AZ., Santa Fe, N.M.

CONTENTS

PREFACE

Roberto Márquez composes large, narrative paintings which draw us in, initially, through the sense of mystery and intrigue they convey. But it is his ability as an artist which makes us linger and keeps us coming back to his work. Though largely self–taught, Márquez is a painter of considerable skill. He has carefully and meticulously educated himself in the history of art by going to the masters themselves, a fact which is clearly recognizable in his work. The rich, flat surfaces and muted, high–tonal colors in his canvases are reminiscent of Piero Della Francesca or Giotto. These fresco–like qualities are simulated through the addition of marble dust and other materials to the paint pigment.

Architecture often plays a significant role in the paintings, equally the classical and contemporary architecture of Europe and Latin America. The figures inhabiting these De Chirico–like settings seem disconnected, dispassionate, lacking the force to carry out the action implied in the scene. They are stylized, though well drawn, rendered in a smooth, plastic manner which gives them a look of having been modeled out of clay. Márquez' use of light endows them with a volumetric quality, like some figures from Masaccio. It seems no accident that the figures, whether male or female, human or angelic, are frequently self portraits.

Though simple in appearance, Márquez' painted surfaces are deceptively complex. These he achieves through a variety of means—paint, gold–leaf, collaged paper, incised drawing and printing. Decorative borders, or frames, in the case of the wall–sculptures, refer to folk traditions of Mexico. Other folk references can be seen throughout the body of work both in theme and use of symbolism. His high–tone palette brings to mind the early Renaissance, but also the traces of color on pre–Columbian poly-chrome pottery and of some archeological sites.

While stylistic influences may be largely European, thematically Márquez is more closely allied with the New World, notably the literature of Latin America. Though many sources and influences may be cited, Roberto Márquez ultimately creates work which is uniquely his own. This is remarkable in someone so young and leaves us eager to see what the next ten years will hold.

Joanne Stuhr, 1994
Curator of Exhibitions,
Tucson Museum of Art

FOREWORD

Ten years ago, Roberto Márquez, an angelic looking young man from Mexico, walked into my gallery and showed me his work. I was stunned by the magic of his paintings. It was as if this artist was from another time, and that by some supernatural power, he had reappeared in this century in my gallery. This overwhelming, initial impression was reaffirmed during a long conversation with him — he knew far too much for his years. He was conversant with poetry, music, architecture and philosophy, as well as art history; and his youthful appearance only seemed to enhance the enigmatic nature of his paintings.

During the past decade, Márquez's unique paintings have won him an international audience. His remarkable imagery, derived from extensive study in the humanities and profound complex psychological observation, now mystifies and titillates peoples of many nations and disparate cultures. Roberto Márquez remains enigmatic in spirit and in his work. I am proud and pleased to have participated in this exhibition and publication of this masterful artist, wonderfully out of time.

Riva Yares, February, 1994
Scottsdale, Arizona

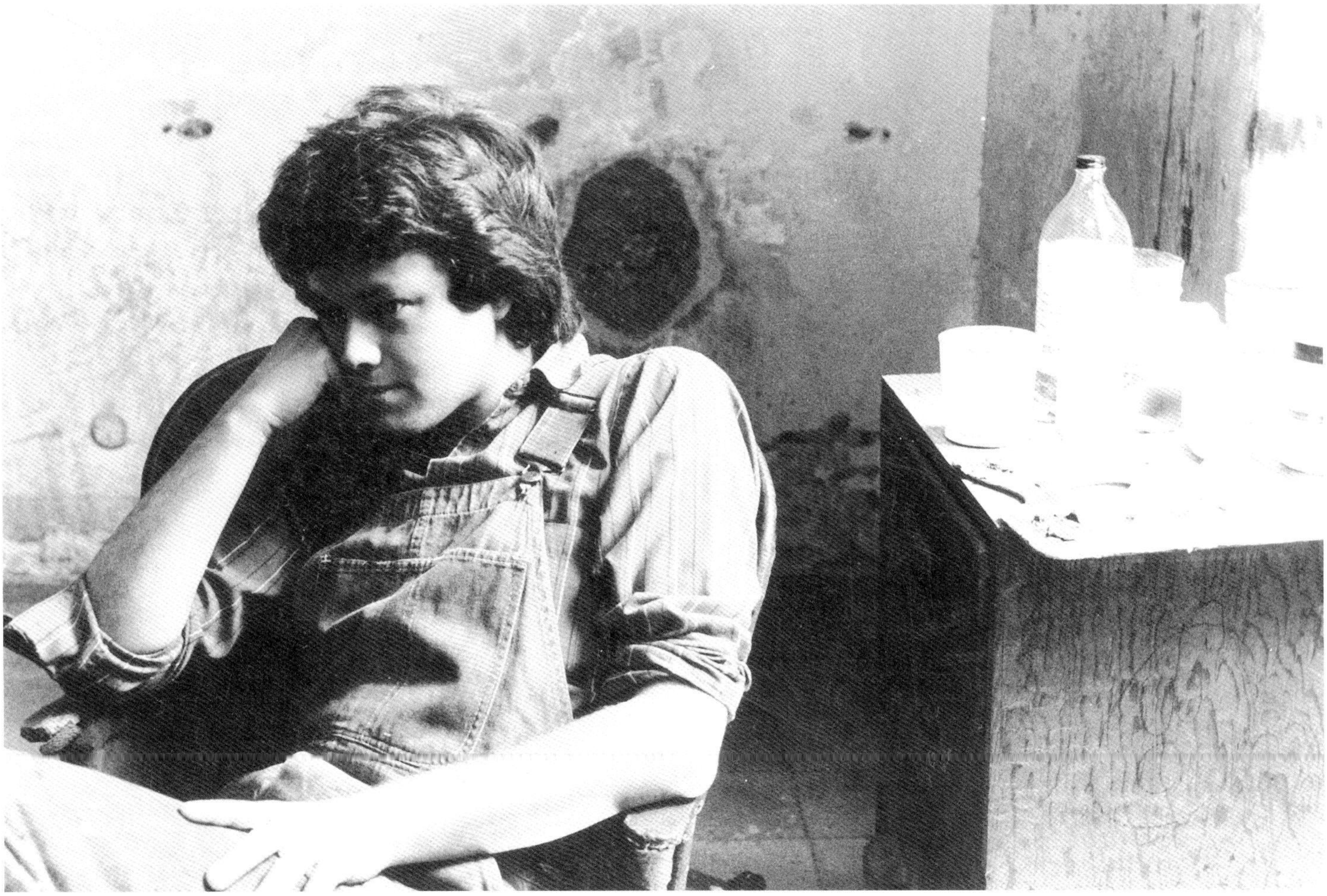

Photo: Ana Hartung

Roberto Márquez, 1984

INTRODUCTION

Pierre Restany

Just contemplate Roberto Márquez's women: Indians, half-breeds, whites. At times they bear on their bodies the tattoos of a target or a musical score. Stubborn masochists, they stand naked, facing the bull with their panties as a *muleta*. Or crouching on the sand they stare at the creature in the open and obstinately maintain a tête-à-tête with it. They all belong to the same morphological repertory of healthy youth: long, slender, firm bodies; hair drawn back or crew cut, but always thick and dense. Their proportions are naturally harmonious, as they inscribe easily into the ambient visual space. And the men who are the parallel witnesses of these same vast stories are fixed is a still frame of the hieratic sequence. When Márquez's vision becomes image it eludes time and the narrative's duration to become frozen in the eternal present of metaphor.

Bull-charmers, object-women, they are also magicians and circus performers who love the theater of the world. They represent the magnets for men's glances; the very men who contemplate them from within the painting; the very men who imitate them when they are alone, given to their intimacy. It is the same with those who

Sólo contemple a las mujeres de Roberto Márquez: indias, mestizas, blancas. A veces llevan en la piel los tatuajes de un blanco o de una partitura. Masoquistas obstinadas, están de pie, desnudas, afrontando el toro, con las bragas como una *muleta*, o agachadas sobre la arena se fijan intensamente en el animal y mantienen con Èl un Ìntimo diálogo. Todas pertenecen al mismo repertorio morfológico de la juventud saludable: cuerpos largos, firmes y esbeltos; el pelo al rape o en moños, pero siempre grueso y espeso. Tienen las proporciones naturalmente armónicas, como se inscriben con la mayor facilidad en el espacio visual del ambiente. Y los hombres que son los testigos paralelos de estas mismas vastas historias quedan congelados en una instantánea de la secuencia hierática. Cuando la visión de Márquez se transforma en imagen, elude el tiempo y la duración de la narrativa, para congelarse en el presente permanente de la metáfora.

Encantadoras de toros, objetos-mujeres, son también magas y artistas de circo que aman el teatro del mundo. Representan un imán para las miradas de los hombres, que las contemplan desde dentro del lienzo; los mismos que las imitan cuando se

regard them from the outside, viewing the paintings hung on the gallery wall or through the pages of a catalogue.

These women are the basis of the metaphor, the officiants of *magia menor*. It is they who quench their thirst in the blood of poets, who practice the games of fire and snakes. They are all the women of Lot who return to life through their somnambulistic dreams. They return to the life of the painter who created them. They are creatures of Balthus who would live in a world where Borges would receive dozens of unexpected friends, from Proust to Hemingway. This neo-classic, cold and measured world is at the opposite extreme of the extravagance of Baroque churches, religious processions and carnivals or the narrative lexicon of the muralists, the most evident signs of "Mexican-ness" today.

And yet this painted world treats existential magic and the world's great mysteries with the conceptual richness that Borges succeeded in giving to cosmopolitan humanism. Magic and mysteries are celebrated in a domestic space which is that of the Spanish Colonial where severity neither creates an illusion nor lends anything more than the opportunity to inhabit the space just as phantoms, day dreams, animistic and Freudian references do in their virtual expansion. Márquez' realm is that of the house of the rich plantation owner where the wife is naturally the queen,

encuentran a solas, entregados a su intimidad. Igual ocurre con los que las observan desde fuera, contemplando los cuadros colgados sobre las paredes de una galería de arte o reproducidos en las páginas de un catálogo.

Esas mujeres constituyen la base de la metáfora, las oficiantes de una *magia menor*. Son ésas que apagan su sed con la sangre de los poetas, que practican los juegos de fuego y de serpientes. Son todas las mujeres de Lot que vuelven a la vida mediante sus ensueños sonambulistas. Vuelven a la vida del pintor que las ha creado. Son las criaturas de Balthus que vivirían en un mundo donde Borges recibiría a docenas de amigos inesperados, de Proust a Hemingway. Este mundo neo-clásico, frío y medido se sitúa en las antípodas de la extravagancia de las iglesias barrocas, procesiones religiosas y carnavales o del léxico narrativo de los muralistas, los signos más claros de la "Mexicanidad" de hoy día.

Y no obstante, este mundo pintado trata la magia existencial y los misterios más grandes de la tierra con la riqueza conceptual que Borges logró infundir en el humanismo cosmopolita. Se celebran la magia y los misterios dentro de un espacio doméstico, que viene a ser el del colonial español, donde la sobriedad ni crea la ilusión ni le presta más que la oportunidad de habitar el espacio, justo como lo hacen en su

the servant naturally the mistress, the mistress naturally the whore, the adolescent naturally perverse and naturally inclined to the prestidigitation of white and black magic.
This mental and sentimental naturalism is combined in the permanent present. That is doubtless the key of Roberto Márquez's vision, a sheath of unparallel, assumed lives, like so many other inescapable destinies because they are accepted and lived without passionate excess. Moderation is the rule. Roberto Márquez's women know their role far too well to abuse their powers. They are unique and memorable in their "natural state," just as Márquez's paintings are. This is what constitutes great art.

Milan
March 2, 1994

expansión virtual los fantasmas, ensueños, y alusiones animistas y freudianas. La región de Márquez es la de la casa de los ricos hacendados criollos en la que la mujer es naturalmente la reina, la criada naturalmente la querida, la querida naturalmente la puta, la adolescente naturalmente perversa y naturalmente inclinada al juego de manos de la magia blanca y negra.

Este naturalismo mental y sentimental se combina en el presente permanente. Esa es sin duda la clave de la visión de Roberto Márquez, un haz de vidas no paralelas, asumidas como tantos otros destinos ineludibles justamente porque son aceptadas y vividas sin el exceso apasionado. La moderación constituye la regla. Las mujeres de Roberto Márquez conocen su papel demasiado bien para abusar de sus poderes. Son únicas y memorables en su "estado natural," justo como lo son las pinturas de Márquez. Y es esto lo que constituye el verdadero arte imperecedero.

Milán
2 de marzo 1994

Traducido por Wayne H. Finke

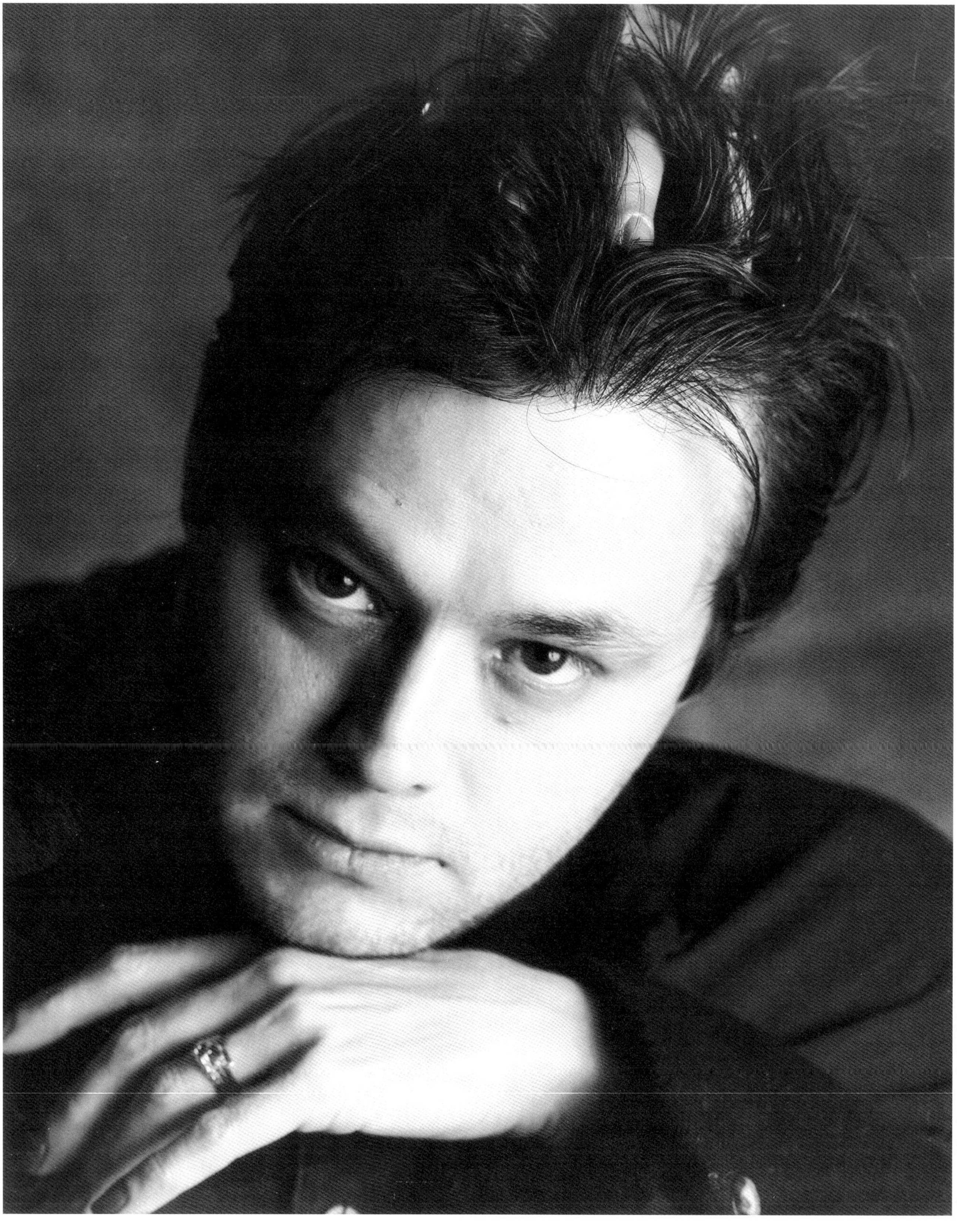

photo: Marianne P. Smith

Roberto Márquez, 1994

SOJOURNS IN THE LABYRINTH

Edward J. Sullivan

Whenever we are confronted with an exhibition of the work of Roberto Márquez or study a selection of photographs of his paintings accomplished over the span of his career (which now covers more than ten years) we inevitably experience a sense of both bewilderment and admiration. Our natural tendencies to categorize art according to either national characteristics or precise stylistic traits compel us to label the artist as a "Mexican painter" who follows a "realist" or, at least, "figurative" mode of vision. Yet the more we study his art the less "Mexican" it appears, even though this label has been employed by a number of critics who seek a facile explanation of some of the painter's themes and colors. To classify his painting as strictly "realist" is also far from satisfying. Less convincing still is the much-misused designation "magic realist" to describe the often oneiric qualities that we perceive in many of Márquez's canvases.

A precise definition of Roberto Márquez's art comes about only with an understanding of the remarkably wide range of references, appropriations and transformations. For any viewer who studies it with care Márquez's art soon departs (often rather radically) from any of the set categories of contemporary painting.

Márquez's sources of inspirations are, in some cases, based upon the art of the past. He is an ardent investigator into the myriad traditions of western painting (and sculpture). He has traveled widely and made systematic studies of the classical, medieval, Renaissance and modern movements. Yet art history goes only so far in unraveling the many strands of the visual imagination of this artist. In

Cuando el diletante contempla una exhibición de la obra de Roberto Márquez o examina una selección de fotografías de sus cuadros pintados a lo largo de su carrera (que ya abarca más de una década), experimenta inevitablemente una sensación de asombro y admiración. La tendencia natural a clasificar el arte según las características nacionales o los rasgos estilísticos específicos le obliga a uno a denominar al artista como "pintor mexicano" seguidor de una visión "realista," o por lo menos "figurativa." Sin embargo, cuanto más se examina su obra, menos "mexicana" parece, aunque esta etiqueta ha sido usada por un número de críticos que buscan una explicación fácil de algunos de los temas y los colores del artista. Tampoco es precisa la clasificicación de su obra como estrictamente "realista." Y aun menos convincente es el término mal utilizado de "realista mágico" para describir las cualidades muchas veces oníricas que se perciben en muchos de los lienzos de Márquez.

Sólo se alcanza a una definición precisa del arte de Roberto Márquez mediante una comprensión de la gama sorprendentemente amplia de las referencias, apropiaciones y transformaciones encontradas en él. Quien estudia su obra con detenimiento descubre que el arte de Márquez elude (a menudo de modo radical) cualquiera de las clasificaciones fijas de la pintura contemporánea.

Las fuentes de inspiración de Márquez son, en algunos casos, el arte del pasado. El artista es un investigador ávido de las múltiples tradiciones de la pintura (y la escultura) occidental. Ha viajado extensamente, y realizado estudios sistemáticos de la pintura de las épocas clásica, medieval, renacentista y moderna. No obstante, la historia del arte no llega para desenmarañar los hilos de la imaginación pictórica de este artista. En

a profound sense Roberto Márquez defines himself as a poet of the perceptible image. He is able to grasp a likeness, a recollection or a reflection and transform it in a way more akin to poetic manipulation of a metaphor than the painterly maneuvering of observed phenomena.

Indeed, the art of poetry is a vital component of his cultural formation. In the early 1980s Márquez became associated with the literary forum conducted by the Mexican poet Elías Nandino in Guadalajara. He was greatly stimulated by his interactions with the young poets who formed a part of that circle. They would read and criticize each other's writings on a regular basis and from this workshop emerged many literary figures of note in Mexican letters today. Poetry as well as other forms of literary expression were critical in the aesthetic formation of the young painter. Márquez has stated that as a youth in Guadalajara he was motivated in his artistic and literary efforts by the poet Jorge Esquinca whose poetry Márquez has illustrated on several occasions. These were often published in the literary magazine *Campo abierto* which emerged from the activities of Márquez and his colleagues in the *taller* of Nandino with which he was associated from 1980 to 1982. Lasting for several issues, this journal contained prose and poetry by the members of the group as well as other writers. The young students designed, illustrated and published the magazine themselves. Their interests in literary publishing became so serious at one point that they founded their own firm which they called *Cuarto Menguante*. This fledgling publishing house was responsible for over twenty volumes of *belles lettres*. The first of these was a collection of the poetry of Nandino entitled *Conversación con el mar* which contained illustrations by Márquez. His drawings for this book set a precedent for his future illustrations for other volumes such as *Puerta de verano* (poetry by Vicente Quirarte), *Augurios* (Jorge Esquinca) and, in 1990, Gabriel García Márquez's *Ojos de perro azul* which Márquez illustrated for the Japanese publisher Fukutake Shoten.

un sentido profundo, Roberto Márquez se define como un poeta de la imagen perceptible. Consigue extraer de una imagen, un recuerdo o una reflexión para transformarla de una manera más afin a la manipulación poética de una metáfora que a la maniobra artística de los fenómenos observados.

En efecto, el arte de la poesía es un componente esencial en la formación cultural del pintor. A comienzos de los años ochenta Márquez se adhirió al foro literario dirigido por el poeta mexicano Elías Nandino en Guadalajara. Le animó mucho la interacción con los jóvenes poetas que formaron parte de ese círculo. Regularmente leían y criticaban sus obras mutuas, y de este grupo surgieron muchas figuras literarias de renombre en las letras mexicanas de hoy. La poesía tanto como las otras formas de la expresión literaria influyó de modo decisivo en la formación estética del joven pintor. Márquez ha declarado que como adolescente en Guadalajara fue inspirado en sus esfuerzos artísticos y literarios por el poeta Jorge Esquinca, cuya obra poética ha ilustrado Márquez en varias ocasiones. Estas obras aparecían en la revista literaria *Campo abierto*, que surgió de las actividades de Márquez y de sus colegas en el taller de Nandino, con el que estuvo asociado entre los años 1980-1982. Con una vida corta de varios números, esta revista contenía prosa y poesía de los miembros del grupo, como también de otros escritores. Los jóvenes estudiantes mismos diseñaron, ilustraron y publicaron los números de esta revista, y tan serio fue su empeño en la publicación literaria que en un momento fundaron su propia editorial, llamada *Cuarto Menguante*. Esta editorial nueva fue responsable por la publicación de más de veinte volúmenes de *belles lettres*, la primera de las cuales constituyó una colección de los versos de Nandino titulada *Conversación con el mar*, que contenía ilustraciones preparadas por Márquez. Sus dibujos para este tomo establecieron un antecedente para sus ilustraciones ulteriores para otros volúmenes como *Puerta de verano* (poesía de Vicente Quirarte), *Augurios* (Jorge Esquinca) y, en 1990, *Ojos de perro-azul* de Gabriel García Márquez, que el pintor ilustró para la editorial japonesa Fukutake Shoten.

Márquez has continued his intense interest in the art of poetry. His tastes are eclectic and he is as attracted to the work of Ezra Pound as to that of Octavio Paz, Xavier Villaurrutia, T.S. Eliot, Wallace Stevens and other classic poets of the Spanish and English languages. The writings of Jorge Luis Borges has had great significance for Márquez. The poems and narrative works of this Argentine master possess both a subtlety and intellectual complexity that the artist finds most appealing. In several of his paintings Márquez pays homage to this great figure of South American letters. It is important to point out, however, that in his own painting Márquez does not strive for any specific literary allusions or references. While there is certainly an essential poetic quality in his paintings they are in no sense of the word narrative illustrations to a text.

Literary allusion became for Márquez an innate mode of expression and the indelible marks of thoughts made palpable through verbal utterances form an inevitable trait of the images of this painter. Just as Jorge Luis Borges created imaginary paintings with words, Márquez uses words and phrases (which are sometimes painted directly onto the canvas) to underline the subtle complexities of the things we see on his canvases. When contemplating a painting by this artist we begin - almost unconsciously - to construct a story to explain the setting or the activities of the characters that Márquez has created for us. Yet the narrative impulse of our imaginations can go only so far in fabricating paths of comprehension for the inevitably enigmatic creations of Márquez. Just when we think we know the 'real' meaning of a given picture by him, Márquez will confound us by withholding key clues from the viewer, thus forcing us to contend with a labyrinthine entanglement of strands of possible explanations for the tableau he has assembled for us. Although we may be perplexed, and even at times frustrated, by our inability to 'read' a work by Márquez as if it were a linear narrative with a subject and object, beginning,

Márquez ha mantenido un interés intenso en el arte de la poesía. Sus preferencias son eclécticas y se muestra tan atraído por la obra de Ezra Pount como por la de Octavio Paz, Xavier Villaurrutia, T. S. Eliot, Wallace Stevens y otros poetas clásicos de las literaturas española e inglesa. Las creaciones de Jorge Luis Borges también han tenido gran significado para Márquez, puesto que los poemas y las obras narrativas de este maestro argentino poseen una sutileza y complejidad intelectual que el artista encuentra sumamente atractivas. En varios de sus cuadros Márquez rinde homenaje a esta gran figura de las letras hispanoamericanas. Sin embargo, cabe señalar que en su propia pintura Márquez no aspira a ninguna alusión ni referencia específica. Aunque hay ciertamente una cualidad poética esencial en sus lienzos, no constituyen de ninguna manera meras ilustraciones narrativas de un texto.

La alusión literaria llegó a ser para Márquez un modo innato de la expresión, y la huella indeleble de los pensamientos hechos palpables por medio de las articulaciones forma una característica inevitable de las imágenes plásticas de este artista. Del mismo modo en que Jorge Luis Borges creó pinturas imaginarias a base de palabras, Márquez emplea palabras y frases (a veces pintadas directamente sobre el lienzo) para subrayar las complejidades sutiles de las cosas observadas en sus telas. Al contemplar un cuadro de este artista empezamos—casi de modo inconsciente—a "construir" una historia para explicar el escenario o las actividades de los personajes que Márquez ha creado para nosotros. Sin embargo, el impulso narrativo de nuestra imaginación sólo llega a un punto en la creación de senderos de la comprensión para las creaciones inevitablemente enigmáticas de Márquez. En el momento en que pensamos que hemos descubierto el sentido "real" de un cuadro dado, Márquez nos confunde al ocultar ciertas claves importantes para la comprensión, obligándonos de esa manera a luchar con un enredo laberíntico de hilos de posibles explicaciones para el cuadro que nos ha creado. Aunque quedamos perplejos, y a veces frustrados por nuestra incapacidad de "comprender" una obra de Márquez como si fuera una narrativa linear con un sujeto y un complemento,

middle and end, we are inevitably drawn by the artist into an almost mesmerizing web spun, Penelope-like by impossibly fine threads which connect the intricate and elusive strands of meaning.

If poetry and literary metaphor form an important element in the fabric of Márquez's art, musical references and intimations of harmonic cadences and rhythms underscore the ineffably mellifluous patterns of visual correlation in his works. One of Márquez's favorite musical genres is the opera. As he paints, opera is often heard in his studio. Although he sometimes favors nineteenth century Italian *bel canto* spectacles, he is not unappreciative of the delicate effects of a work by Strauss or the dramatic impact of the operas of Wagner. The highly condensed dramas of these composers' works create an atmosphere of emotional tension that is translated into the often cryptic dramas of Márquez's paintings. Symphonies, oratorios and even more modest chamber pieces suggest themselves in Márquez's imagery. Just as the most successful composer is able to evoke a transcendental passion or angst, this painter's most successful works transmit to the viewer intimations of universal emotional content.

Márquez has stated, however, that all types of music are of interest to him. Contemporary rock or even minimal compositions form part of his musical repertory. Although he has not studied music formally he feels an attraction to the act of creation of a musical composition which far transcends the casual interest of most listeners. Many of his paintings are directly inspired by the music he happens to be hearing at a given time. In no case, however, can we point to a specific painting and link it with a particular opera, symphony or chamber piece.

Roberto Márquez was born in Mexico City in December 1959. Both of his parents were from the state of Jalisco and at about the age of nine the artist's family returned to their native region to establish themselves in Guadalajara. The artist's fairly conventional childhood culminated in his university

un principio, medio y un fin, el artista nos enmaraña inevitablemente en un enredo de tejido casi hipnótico, como de Penélope, con hilos imposiblemente finos que unen las hebras intricadas y elusivas del significado.

Si la poesía y la metáfora literaria constituyen un elemento importante en las telas del arte de Márquez, las alusiones musicales y las sugerencias de ritmos y cadencias armónicas subrayan los diseños inefablemente melifluos de la correlación visual en sus obras. La ópera representa uno de los géneros preferidos por el artista; en su taller, mientras pinta escucha a menudo la música de ópera. Aunque a veces prefiere los espectáculos del *bel canto* italiano decimonónico, no deja de apreciar los efectos delicados de una obra de Ricardo Strauss o el impacto dramático de las óperas de Wagner. Los dramas altamente condensados en las obras de estos compositores crean un ambiente de tensión emotiva que se traduce en los dramas a menudo crípticos de los lienzos de Márquez. En las imágenes de Márquez vienen sugeridas sinfonías, oratorios y aun modestas piezas de música de cámara. Como el compositor de mayor éxito consigue evocar un *angst* o pasión trascendental, los cuadros de mayor acierto de este pintor comunican al espectador las intimaciones de un contenido emotivo universal.

Márquez ha declarado, sin embargo, que le interesan todos los tipos de música, y la música "rock" contemporánea y aun las composiciones minimalistas forman parte de su repertorio. Aunque no ha estudiado formalmente la música, siente una atracción hacia el acto de creación de la obra musical, atracción que trasciende en mucho el interés despreocupado de la mayoría de los oyentes. Muchos de sus lienzos se inspiran directamente en la música que por casualidad escucha en un momento determinado. Sin embargo de ninguna manera podemos señalar una pintura específica para relacionarla con una ópera, sinfonía o música de cámara determinada.

Roberto Márquez nació en la Ciudad de México en diciembre de 1959. Sus padres eran del estado de Jalisco y cuando el artista tenía nueve años la familia regresó a su estado natal para radicarse en Guadalajara. La

studies in architecture at the Instituto Tecnológico de Estudios Superiores de Occidente (Guadalajara) between 1978 and 1983.

Until this time Márquez had been interested in drawing and plastic form but he had not decided upon a career as an artist. Finishing his degree studies, however, it became clear to him that making art was the thing that aroused in him his greatest passions. Nonetheless, he confesses to a constant pendulum movement in his professional desires, often feeling as attracted to the literary arts as to the visual. Márquez was fortunate in contacting a man named Carlos Ashida, who is both an art dealer and an avid supporter of young painters, who provided him both the financial and moral support to continue as a painter and develop a career in Guadalajara.

Growing up as an artist in Guadalajara inevitably places a heavy burden of tradition on any young artist. It is a place which has a long and venerable history as the birth place for some of Mexico's greatest and most influential painters. Although Márquez was born in the Mexican capital, his familial ties are with the state of which Guadalajara is the capital and virtually all of his earliest artistic activities took place in that city. The state of Jalisco is rich in the colonial traditions of painting, sculpture and architecture. However, it is with the modern era that we witness the flowering of the region as one of the greatest art centers of the country. If one were to look at a roster of the most significant names in modern Mexican art one would observe that a very large proportion of them were from Guadalajara or surrounding towns and cities. In the nineteenth century the portraitist José María Estrada (whose style some have mistakenly called 'naive') was one of the area's most outstanding practitioners of painting. The intensity with which he portrays his sitters and the unadorned truthfulness of his likenesses have made a strong impact on numerous artists of our own time, including Márquez.

adolescencia convencional del pintor culminó en sus estudios universitarios de arquitectura en el Instituto Tecnológico de Estudios Superiores de Occidente (Guadalajara) entre los años 1978 y 1983.

Hasta esta época Márquez se había interesado en el dibujo y las formas visuales pero no había decidido seguir una carrera como artista. Al terminar sus estudios para el diploma, sin embargo, le pareció claro que la creación del arte fue lo que suscitó en él su mayor interés. No obstante, Márquez confiesa que hay un movimiento pendular en sus deseos profesionales, ya que se siente atraído tanto por las artes literarias como las visuales. El artista tuvo suerte al ponerse en contacto con Carlos Ashida, propietario de una galería y un mecenas ávido de ayudar a los jóvenes pintores, quien le facilitó el apoyo económico y moral para que continuara como pintor y desarrollara una carrera en Guadalajara.

El desenvolverse como artista en dicha ciudad le impone a cualquier joven artista una gran responsabilidad ante la tradición. Es una ciudad que posee una historia larga y venerable como el lugar de nacimiento de algunos de los máximos pintores de mayor influjo. Aunque Márquez nació en la capital de la nación, sus vínculos familiares se hallan en el estado cuya capital es Guadalajara, y realmente casi todas sus primeras actividades artísticas se realizaron allí. El estado de Jalisco es rico en las tradiciones coloniales de pintura, escultura y arquitectura. Sin embargo, es en la época moderna cuando observamos el florecer de esta región como uno de los mayores centros artísticos de la nación. Si se examinara la lista de los nombres más significativos del arte mexicano moderno, se vería que una proporción muy alta es de Guadalajara o de los pueblos y aldeas vecinos. En el siglo diecinueve el retratista José María Estrada (cuyo estilo ha sido denominado erróneamente "naive") fue uno de los creadores artísticos más destacados de la comarca. La intensidad con la que retrata a sus sujetos y la verdad desnuda de sus retratos han tenido un impacto marcado en varios artistas de nuestra época, incluso Márquez.

The twentieth century heritage in Jalisco is outstanding. The man who has often been called the father of the modern mural movement, Dr. Atl (Gerardo Murillo) was born in the state capital in 1875. Symbolists Jorge Enciso and Roberto Montenegro are both natives of Jalisco and did many significant works there. Carlos Orozco Romero, well known for his Surrealist-related compositions was born in Guadalajara in 1896. One of Mexico's most famous women painters of mid-century, María Izquierdo, came from San Juan de Los Lagos, Jalisco. Other key figures to emerge from the cultural milieu of Guadalajara include the muralist Raul Anguiano as well as Jesús Guerrero Galván and Juan Soriano, still active as a painter and creator of monumental sculptures. Xavier Guerrero and Alfonso Michel were both born elsewhere although their careers matured in the city.

Yet the painter who created the greatest impact upon artistic life in Guadalajara in this century was José Clemente Orozco. Born in 1883 in the town of Zapotlán el Grande (now known as Ciudad Guzmán), Orozco went to Mexico City as a young man. Nonetheless he returned to Guadalajara in 1936 to begin work on a series of frescoes in the University, in the government palace and the Hospicio Cabañas. Those in the former orphans' hospice, often compared in their grandiose size and monumental scope to the Sistine Chapel frescoes of Michelangelo, are perhaps the greatest achievement of his career. Roberto Márquez says that while living in the capital of Jalisco the frescoes of Orozco were among the most prominent things that he would observe on a daily basis. These paintings are so much a part of the fabric of life in Guadalajara that the young artist virtually took them for granted. Later, however, he came to realize the exceptionally important place that the work of Orozco plays in his own work.

Although Márquez does not feel himself to be an integral part of a "Jalisco school" (if such a thing indeed exists) he acknowledges that with the passing of time the more he observes the effects of

El logado del siglo veinte en Jalisco es también muy fecundo. El Dr. Atl (Gerardo Murillo), quien ha sido llamado a menudo el padre del movimiento muralista moderno, nació en su capital en 1875. Los simbolistas Jorge Enciso y Roberto Montenegro también son oriundos de Jalisco y pintaron allí muchas de sus importantes obras. Carlos Orozco Romero, conocido por sus obras vinculadas con el surrealismo, nació en Guadalajara en 1896. María Izquierdo, una de las pintoras mexicanas más famosas de mediados del siglo, es oriunda de San Juan de Los Lagos, estado de Jalisco. Otras figuras claves que surgieron del ambiente cultural de Guadalajara son Raúl Anguiano, junto con Jesús Guerrero Galván y Juan Soriano, este último aún activo como pintor y creador de esculturas monumentales. Xavier Guerrero y Alfonso Michel nacieron en otras ciudades, aunque sus carreras evolucionaron en dicha ciudad.

Sin embargo, el pintor que hizo la mayor impresión en la vida artística de Guadalajara en este siglo fue José Clemente Orozco. Nacido en 1883 en el pueblo de Zapotlán el Grande (hoy conocido como Ciudad Guzmán), Orozco de adolescente fue a la Ciudad de México a vivir. No obstante volvió en 1936 a Guadalajara para empezar a preparar una serie de frescos para la Universidad, el Palacio gubernamental y el Hospicio Cabañas. Los del Hospicio para huérfanos, se comparan a menudo con los frescos de Miguel Angel en la Capilla Sistina por sus dimensiones impresionantes y escala monumental, constituyen tal vez el logro más destacado de su carrera. Afirma Roberto Márquez que cuando vivía en la capital de Jalisco, los frescos de Orozco se encontraban entre las cosas más importantes que observaba a diario. Estos cuadros forman una parte inevitable de la vida cotidiana de Guadalajara que el joven artista realmente no los apreciaba debidamente. Más tarde, sin embargo, llegó a darse cuenta del lugar excepcionalmente importante que las creaciones de Orozco ocupan en su propia obra.

Aunque Márquez no se siente como parte de la "escuela de Jalisco" (si es que existe) reconoce que con el transcurso del tiempo, observa sus efectos en su desarrollo de ese ambiente artístico particular. El pintor participó

his having developed in that particular artistic milieu. Márquez participated in his first group exhibition, the "Salón de Octubre" in Guadalajara in 1982, the same year in which he had his first one-artist show - also in Guadalajara. The first time he exhibited in the United States was also in the context of painters from the capital of Jalisco. This was in an exhibition entitled "Pintores de Guadalajara" at the Robinson Galleries in Houston in 1984.

Márquez became more acutely aware of the Mexican characteristics of his art after he had left Mexico. This is a common phenomenon with many artists who identify more closely with their national cultural heritage from a distance. He has said that before leaving Guadalajara he was much more interested in absorbing every bit of information possible through Mexican and especially foreign art magazines regarding the latest events in the art worlds outside his native country.

Marquez had considered moving to Mexico City in 1985, but was dissuaded by the devastating earthquake which had recently occurred there. He decided to go to Arizona instead. The family of his wife Ana Saldamando was living there and he felt that relocating to Phoenix would be a good transition, introducing him to a new culture north of the Mexican border. One of the most palpable effects that living in Arizona had on Márquez's art was in terms of light and color. The directness and strength of the sunlight in that southwestern state inevitably brightened and cleared his palette.

He was made even more aware of this when he left Arizona for New York in 1989. In Manhattan he experienced a further radical change of color, light and atmosphere and a gradual darkening of his colors took place with a consequent enriching of the mood that each tone cast in a given composition.

It was also in Arizona, says the artist, that he began to study the modern masters of Mexican painting with greater attention. Among them Diego Rivera, Frida Kahlo, Rufino Tamayo and David Alfaro

en su primera exhibición colectiva, el "Salón de Octubre" en Guadalajara en 1982, el mismo año en que celebró también en Guadalajara su primera exhibición individual. La primera vez que exhibió en los Estados Unidos fue también en el contexto de pintores de la capital de Jalisco, en la exhibición titulada "Pintores de Guadalajara" en las Galerías Robertson de Houston en el año 1984.

Márquez llegó a estar sensiblemente consciente de las características "mexicanas" de su obra después de haber salido de la patria. Esto es fenómeno común en muchos artistas que estando a distancia se identifican más con su propio legado cultural. Ha declarado que antes de salir de Guadalajara tenía mucho más interés en adquirir toda la información posible de las revistas de arte nacionales e internacionales con referencia a los últimos eventos en los centros de arte extranjeros.

Márquez había pensado transladarse a la Ciudad de México en 1985, pero cambió de idea ante el terrible terremoto que recientemente había ocurrido allí. En cambio optó por ir a Arizona a vivir, pues allí residía la familia de su mujer Ana Saldamando. Por otra parte creía que transladarse a Phoenix representaría una buena transición, introduciéndole de esa manera en una nueva cultura al norte de la frontera mexicana. Uno de los efectos más notorios que la residencia en Arizona produjo en la obra de Márquez fue en términos de la luz y el color. La intensidad y la luminosidad en ese estado del suroeste aclararon y abrillantaron su gama de colores.

Reconoció aun más este hecho cuando se trasladó de Arizona a Nueva York en el año 1989. En Manhattan experimentó otro con un cambio radical en el color, luz y atmósfera; esto se manifiesta en un oscurecer gradual de colores con un enriquecimiento consecuente de la atmósfera que cada tono vierte en su obra. También fue en Arizona—declara el pintor—que empezó a estudiar con mayor detenimiento a los maestros modernos de la pintura mexicana: Diego Rivera, Frida Kahlo, Rufino Tamayo y David Alfaro Siqueiros, que han sido, y son particularmente

Siqueiros were, and continue to be, especially important to him. Orozco, however, the greatest of all artists from Jalisco, has a place of even higher significance in Márquez's visual imagination. Nonetheless it is plainly evident, simply by studying his *oeuvre* with even moderate care that there is little in his paintings that can be specifically related to Mexican pictorial traditions. He does not consider himself a part of any specific artistic movement in Mexico although he does recognize his affinities with those contemporary figure painters such as Julio Galán and Nahum Zenil who are concerned with self -questioning and -examination in their art. Several critics have mistakenly considered Márquez's work almost exclusively within a Mexican context. Yet much more significant are his roots in the art of certain European masters.

Roberto Márquez is an avid traveler as well as a collector of art books of all varieties. The repertory of visual forms upon which he draws in the creation of his art is impressively broad. Nonetheless we can point to several periods in the history of art and a few specific artists who have played critical roles in the formation of his imagination. Remembering that Márquez was trained as an architect it is not surprising that he has been particularly drawn to the Italian masters of the Early Renaissance. He is attracted to those artists in whose works are perceived an architectonic substructure. Giotto, Cimabue, Masaccio, Fra Angelico, Fra Filippo Lippi and Andrea Mantegna are all painters whose solidity of form and sculptural clarity present in every human figure they painted characterize the most glorious moments of the Italian *quattrocento*. In the work of each of these painters architecture itself often plays a central role. Figures inhabit real, believable spaces in the paintings of these masters. The intelligible architectural units in which they move are radically distinct from the fantastical realms populated by the participants in the dramas of Gothic panel paintings or frescoes. However, when studying the work of Roberto Márquez it

importantes para él. Orozco, sin embargo, el más insigne de todos los artistas de Jalisco, ocupa un lugar de mayor importancia para la imaginación visual de Márquez. No obstante, es manifiesto, meramente al estudiar su obra con un poco de atención, que hay poco en sus lienzos que se relacione específicamente con las tradiciones pictóricas mexicanas. No se considera parte de ningún movimiento artístico mexicano aunque reconoce sus afinidades con aquellos pintores figuristas contemporáneos como Julio Galán y Nahum Zenil, quienes se preocupan por el autoexamen y la introspección en sus obras. Varios críticos han considerado erróneamente la obra de Márquez casi exclusivamente dentro de un contexto mexicano. Sin embargo, de mayor importancia son sus raíces en el arte de ciertos maestros europeos.

Roberto Márquez es un viajero ávido y también colecionista de libros de arte de todas clases. El repertorio de formas visuales del que saca su inspiración en la creación de sus lienzos es sumamente amplio; no obstante, se pueden señalar varios períodos en la historia de arte y unos artistas específicos que han desempeñado un papel crítico en la formación de su imaginación. Al recordar el hecho de que Márquez se preparó como arquitecto, no debe sorprendernos el que se ha sentido atraído particularmente hacia los maestros italianos de los albores del renacimiento. Le interesan especialmente esos artistas en cuyas obras se percibe una subestructura arquitectónica. Giotto, Cimabue, Masaccio, Fra Angélico, Fra Filippo y Andrea Mantegna son todos pintores cuya solidez de la forma y la claridad escultural presentes en cada figura humana que pintaron caracterizan los momentos más gloriosos del *quattrocento* italiano. En las obras de cada uno de estos pintores la arquitectura misma tiene a menudo un papel principal. Las figuras ocupan espacios reales, verosímiles en los lienzos de estos maestros. Los espacios arquitectónicos inteligibles en los que se mueven son muy distintos de los reinos fantásticos poblados por los participantes en los dramas de las pinturas góticas sobre panel o las pinturas al fresco. Sin embargo, al estudiar las obras de Roberto Márquez llega a ser evidente que

soon becomes clear that he reserves a special place of honor for Piero della Francesca. A pupil of Domenico Veneziano, Piero came from southeastern Tuscany. Although he worked for a brief time in the quintessential Early Renaissance city of Florence, much of his most significant art was accomplished in smaller towns nearby. His most impressive achievement, for instance, is his fresco cycle in the choir of San Francesco in Arezzo depicting the legend of the discovery of the True Cross. Márquez has studied these works with great care, learning and incorporating into his art Piero's lessons not only of perspective and composition but, more importantly, absorbing the quietude and meditative calm with which Piero traces even the most dramatic tales. There is an inwardly directed sense of emotion to the work of Piero della Francesco. Márquez has incorporated this element of Piero's art in the creation of his own enigmatic legends and myths. The participants in Piero's silent dramas appear to communicate with their eyes alone. There is a mute intercourse among these sacred actors. Likewise, in Roberto Márquez's paintings there is a laconic discourse often taking place among the figures.

Regarding the modern artists whom he admires, he is constantly changing his focus from one twentieth century master to another, absorbing and sometimes appropriating from a large number of artists. Although he has serious admiration for the poetic values in the work of Cy Twombly, Márquez confesses to being more drawn to the European tradition than to that of North America. The painters who have retained his attention throughout the years have been Picasso, some of the European Surrealists, especially Giorgio di Chirico and others of the Italian *Scuola Mettafisica* as well as Balthus. In studying the work of Márquez one finds a number of points of contact with Balthus. The two artists' juxtapositions of figures is often similar and Márquez is obviously interested in the European painter's mastery of the suspenseful mood. There are, nonetheless, important areas in which Márquez diverges from Balthus,

el pintor reserva un lugar de honor especial para Piero della Francesca. Discípulo de Domenico Veneziano, Piero era del sureste de la Toscana. Aunque trabajó por un tiempo breve en la ciudad renacentista quintaesencial de Florencia, pintó muchas de sus obras más importantes en las aldeas vecinas. Su creación más impresionante, por ejemplo, es el ciclo al fresco para el coro de San Francisco en la ciudad de Arezzo, que representa la leyenda del descubrimiento de la Vera Cruz. Márquez ha estudiado estas obas con detenimiento, aprendiendo e incorporando en su arte las lecciones de Piero no sólo de la perspectiva y la composición sino, aun más importante, absorbiendo la quietud y la tranquilidad meditativas con las que Piero traza aun las narrativas más dramaticas. Existe un sentido de emoción más íntima en las obras de Piero della Francesca. Márquez ha incorporado este elemento del arte de Piero en la creación de sus propias leyendas y mitos enigmáticos. Los participantes en los dramas mudos de Piero parecen comunicar sólo con los ojos, y hay un trato silencioso entre estos sacros actores. Asimismo en los lienzos de Roberto Márquez existe un discurso lacónico que ocurre a menudo entre las figuras representadas.

En cuanto a los artistas modernos admirados por el pintor, Márquez cambia constantemente su interés de un maestro del siglo actual a otro, absorbiendo y apropiando a veces a un gran número de artistas. Aunque tiene gran admiración por los valores poéticos contenidos en las obras de Cy Twombly, Márquez confiesa la tradición europea le atrae más que la norteamericana. Los pintores que han retenido su atención a lo largo de los años han sido Picasso, algunos de los surrealistas europeos—especialmente Giorgio di Chirico—y otros de la *Scuola Mettafisica* y también Balthus. Al examinar los lienzos de Márquez se descubre un número de puntos de contacto con este último artista. La juxtaposición de figuras de los dos pintores es parecida, y es obvio que Márquez se interesa en la maestría del ambiente de suspenso por parte del artista europeo. Hay sin embargo aspectos importantes en los que Márquez se aparta de Balthus, al evitar la sexualidad a menudo amenazadora que viene a

eschewing the often menacing sexuality which is a regular feature of the older painter's art. Although overt eroticism is rarely present in his paintings, they are redolent of a deeply felt sensuality in which Márquez is able to suggest a celebration of passion and desire inherent in human relationships.

Above all, Roberto Márquez is a painter of the human form. Whether within complicated architectural settings or performing acts of enigmatic ritual, it is the figure itself that always emerges as the dominant element in the artist's compositions. Although Márquez did not formally train at an academic art institution he has an innate grasp of the principles of the classical modes of fashioning a painted surface. As we have seen many of his pictures take place in a contained space. The architecture and the figures' relation to it are carefully planned. The proportions are discreet and the movements suggested are measured and, at times, almost ritualistic. In addition, there is an element of timelessness that pervades the art of Márquez which goes hand in hand with the intimations of classicism. There are few visual clues to the time in which the artist sets the action of his canvases. The figures who are not nude often wear simplified clothing (striped trousers or short pants) that give no hint as to a precise chronological moment.

There are generally only one or two participants in the silent, pantomime-like dramas that play themselves out on his canvases. In a few pictures, such as the 1986 *There Were no Roses in the Cool Cafe* (plate 5), or the 1988 *Life is Not a Dream, But It Can Be a Dream* (plate 16), there may be as many as four characters, but there are exceptions to the rule. Márquez's figures often confront one another with haunting, questioning looks. As in *I Will Become Like You So I Will Not Lose You*, 1990 (plate 27), or The *Golem II*, 1990 (plate 28), the figures seem almost to defy one another in an implied contest of wills. The faces of Márquez's figures rarely if ever convey specific expression. These characters prefer to keep their inner passions to themselves, compelling the viewer to fabricate for him or herself a scenario that

ser un componente normal del arte del artista europeo. Aunque en los cuadros del artista mexicano se observa raras veces el erotismo abierto, estos lienzos recuerdan una sensualidad profundamente sentida en la que el pintor logra sugerir un rito de la pasión y el deseo inherentes en las relaciones humanas.

Ante todo Roberto Márquez es un pintor de la forma humana. Sea dentro de ambientes arquitectónicos complicados sea en la actuación de un ritual enigmático, es la figura misma la que siempre surge como el elemento dominante en las obras del artista. Aunque Márquez no realizó estudios formales en una institución de arte académica, posee una comprensión innata de los principios clásicos de preparar una superficie pintada. Como se ha visto, muchas de sus obas ocurren dentro de un espacio contenido. La arquitectura y la relación de las figuras con ésta están planeados con gran cuidado. Las proporciones son discretas y los movimientos sugeridos están medidos, y a veces casi ritualistas. Además hay un elemento de intemporalidad que permea el arte de Márquez que está estrechamente relacionado con las imitaciones del clasicismo. Existen pocas claves visuales para el tiempo en el que el artista coloca la acción representada en sus lienzos. Sus personajes no desnudos llevan a menudo indumentaria sencilla (pantalones de rayas o pantalones cortos) que no da ninguna indicación del momento cronológico preciso.

Hay en general sólo uno o dos participantes en los dramas mudos, de pantomima, que se revelan en sus lienzos. En algunos, como *There Were no Roses in the Cool Cafe* de 1986 (lámina 5), o *La Vida No Es Un Sueño, Pero Puede Llegar a Ser un Sueño* de 1988 (lámina 16), hay cuatro figuras, pero son excepciones a la regla. Las figuras de Márquez se encaran mutuamente, con miradas inquisidoras, obsesionantes. En los lienzos como *Para No Perderte Me Pareceré a Ti* de 1990 (lámina 27), o *El Golem II* del mismo año (lámina 28), las figuras parecen desafiarse en un sugerido choque de voluntades. Las caras de las figuras de Márquez raras veces comunican una expresión específica. Estos personajes prefieren mantener secretas sus pasiones, obligando al espectador a

might explain the crux of the silent skit that Márquez puts before us. The enigmas devised by the artist through his figures are further enhanced by his manipulation of space, especially those instances in which interior space is created. The men and women are situated against rough-grained walls on shallow stages which allow them only restricted movement. This element in Márquez's work conforms with his vital interest in Early Renaissance painting. Piero della Francesco's scenes, for instance, transpire in equally narrow, confined ranges of activity. Even in those compositions which unfold in an outdoor setting the artist uses certain devices such as walls or veils of vegetation to seal off the individuals from greater interaction with the world beyond their immediate surroundings. Márquez obliges us to contend directly with the subjects of his canvases. They are close to the plane of the picture, as if to imply inevitable movement into the space of the viewer.

Just as the painter's human subjects are paradoxical so are the places they inhabit. With very few exceptions the rooms, gardens or other spaces he creates are without specific identity. They could be anywhere; we are given no hints of location. The 1990 work entitled *Augury* (plate 26), is an unusual painting in that we observe the artist himself set against a wintry background of the skyline of Manhattan. Even with its recognizable architectural features the New York cityscape appears more like a theatrical curtain than a real place. Even in a work such as this which takes place in a space known to all of us, the painter continues to confuse our sense of geographical and spatial orientation.

All of this painter's images have a haunting and sometimes eerie quality. One of his earliest works, *After the Flood*, 1984 (plate 1), is one of his most overtly dramatic compositions. We observe nothing more than an empty room in which a knife rests menacingly on the floor. The wooden window shade is open, but the barred window certainly provided no means of escape for whoever dropped the knife and we are

construir para sí el escenario que podría explicar el meollo de la sátira muda que el pintor coloca ante nuestros ojos. Los enigmas diseñados por el artista mediante sus figuras quedan realzados por su manipulación del espacio, especialmente esos momentos en los que crea el espacio interior. Los hombres y las mujeres están colocados contra paredes de superficie áspera en escenarios de poca profundidad, lo que les permite sólo un movimiento restringido. Este elemento de la obra de Márquez conforma con su interés vital en la pintura de los albores del renacimiento. Por ejemplo, las escenas de Piero della Francesca ocurren en espacios igualmente angostos, reducidos de actividad. Aún en estas obras que tienen lugar al aire libre, el artista emplea ciertos elementos como paredes o velos de vegetación para aislar a los individuos de una mayor interacción con el mundo más allá de su alrededor inmediato. Márquez nos obliga a luchar directamente con los sujetos de sus lienzos. Se encuentran cerca del plano del cuadro, casi como para sugerir el movimiento inevitable en el espacio del espectador.

Los sujetos humanos son igualmente paradójicos como los espacios en que moran. Con poquísimas excepciones, los cuartos, los jardines y los otros espacios que crea el artista existen sin una identidad específica. Podrían estar en cualquier parte; no se nos dá absolutamente ninguna indicación de un lugar preciso. La obra titulada *Augurio* de 1990 (lámina 26), es un lienzo inusitado en el sentido de que se le observa al artista mismo colocado contra un fondo invernal del panorama de la ciudad de Nueva York. Aún con sus características arquitectónicas reconocibles el panorama de la metrópoli tiene más la apariencia de un telón de teatro que un lugar real. Aún en un cuadro como éste, que está ubicado en un espacio bien conocido para el espectador, el pintor continúa confundiendo nuestro sentido de orientación geográfica y espacial.

Todas las imágenes de este artista poseen una cualidad alucinante y a veces fantástica. Uno de sus primeros cuadros, *Después del Diluvio*, de 1984 (lámina 1), constituye una de sus composiciones más abiertamente

thus required to answer our own questions regarding the activities that may have taken place here. Márquez's paintings are rarely, if ever, narrative works in the conventional sense of the word, but from time to time he has employed specific stories to suggest a mood or a composition. Such is the case with *The Dream of Charlotte*, 1985 (plate 3), depicting a woman in a bathtub and the image of a man reflected in a mirror. Márquez has stated that he was inspired by the French Revolutionary historical episode of the assassination of Jean-Paul Marat by Charlotte Corday. The best known version of this story in art is the canvas by Jacques Louis David now in the Museum of Fine Arts, Brussels. Yet Márquez's work pays relatively little homage to this Neoclassical master. He has invented his own solutions for the pictorial problems presented by the theme and has also had recourse to the art of another of the painters for whom he has deepest respect, Diego Velázquez. The mirror motif is ultimately derived from the Spanish painter's masterpiece *Las Meninas*, yet here again we observe few direct connections with the European artist.

The pastoral reveries of Titian and Giorgione are recalled in the 1986 *Theory of the Bear* (plate 4), in which a man reclines beneath a tree while another man, wearing a bear suit, spies upon him from behind and a third observes the scene. Like many of his paintings, this one was the result of the direct study of the model. The artist works either directly from the model or from photographs taken during a modeling session. Although he now uses mainly professional models, in the mid-1980s he would rely upon his friends in Phoenix to pose for him. In this case, as in other pictures, the models in the picture include Richard Lancaster and Clayton Kirking who were responsible for introducing the artist to the Scottsdale, Arizona art dealer and collector Riva Yares at whose gallery Márquez has shown since 1986.

***Life is Not a Dream, But It Can Be a Dream* is one of the most ambitious compositions of the later 1980s. Here two male and two female figures parade before an elaborate architectural structure with**

dramáticas. Sólo se observa un cuarto vacío en el que un cuchillo descansa amenazador en el suelo. La persiana está abierta, pero la ventana enrejada no facilita seguramente ninguna salida para el individuo que dejó caer el cuchillo, y así nos vemos obligados a contestar nuestras propias preguntas con referencia a las actividades que pueden haber ocurrido aquí. Los cuadros de Márquez raras veces constituyen obras narrativas en el sentido convencional de la palabra, pero de vez en cuando el artista ha utilizado historias específicas para sugerir un ambiente o una composición. Tal es el caso del lienzo *El Sueño de Charlotte*, de 1985 (lámina 3), que representa una mujer en una bañera y la imagen de un hombre reflejado en un espejo. Márquez ha declarado que fue inspirado por el episodio histórico de la revolución francesa, del asesinato de Jean-Paul Marat por Charlotte Corday. La versión mejor conocida de esta historia es el lienzo por Jacques Louis David actualmente en el Museo de Bellas Artes, de Bruselas. Sin embargo, el cuadro de Márquez rinde relativamente poco homenaje a este maestro del período neoclásico. Ha inventado sus propias soluciones para los problemas pictóricos presentados por el tema, y también ha recurrido al arte de Diego Velázquez, otro de los pintores hacia el que siente la mayor admiración. El leitmotif del espejo deriva últimamente de la obra maestra del pintor español, *Las Meninas*, y no obstante se observan de nuevo pocos vínculos directos con el pintor español.

Los ensueños bucólicos de Tiziano y Giorgione vienen recordados en el lienzo *La Teoría del Oso* de 1986 (lámina 4), en el que un hombre descansa bajo un árbol mientras otro hombre, que lleva un traje de oso, lo espía desde atrás, y un tercer hombre observa la escena. Como en muchos de sus cuadros, éste fue el resultado del estudio directo del modelo. El artista suele trabajar o directamente del modelo o de fotografías tomadas durante una sesión de pose artístico. Aunque ahora el artista se sirve por regla general de modelos profesionales, a mediados de los años '80 empleaba de modelos a sus amigos de Phoenix. En este caso, como en otros lienzos, los modelos incluidos

pointed arches decorated with graffiti. As in so many works by the artist there is a feeling of the solemn and even the sacramental. Each figure gestures in an eerily self-conscious way. We imagine that each of their movements defines an emotional state or stands for a symbolic intention. The title is taken from a poem by Jorge Luis Borges and refers to the illusive nature of our fragile human existence. And indeed intimations of fragility and transience often serve as leit motifs in Márquez's paintings. These melancholic musings on the frailties of our beings seem to be at the heart of much of this painter's *oeuvre*. Regarding the titles of his works, Márquez has stated that sometimes titles describe the action and at other times they do not. He always desires that a name be given to the pictures, not satisfied with leaving them untitled. The titles can even be invented words, as in the case of the 1987 *Brni Wulf Ande Ro* (plate 11).

As we have already seen, specific references to Mexico or Mexican artistic traditions are rarely present in a palpable way in Márquez's art. Nonetheless there are certain instances in which we are inevitably obliged to consider the sources of inspiration from his native country. In *I Can't See You*, 1989 (plate 22), a boy dressed in the inevitable striped trousers sits on a stool looking at a book. Beside him is a clay model of the Cathedral of Guadalajara. Asked about the meaning of this element in the picture Márquez remarked that it certainly must be symbolic of the over-riding importance in his work of the cultural heritage of that Mexican city. *Brief History of Mexico* of 1989 (plate 19), portrays a blindfolded nude woman attempting to hit a piñata with a club while both *Hemingway or Proust* (plate 17), and *Death of Manolete* (plate 18), both 1988, portray nude women, in a highly abstracted bull ring, participating in a *corrida*. While these images may refer directly to elements of an Hispanic reality by no means do they conform to any of the multitude of stereotypes that artists, both Mexican and non-Mexican, have consciously cultivated to appeal to audiences searching for the folkloric or 'exotic' aspects of Mexican art.

en el cuadro incluyen a Richard Lancaster y Clayton Kirking, quienes presentaron al artista al propietario de la galería y coleccionista Riva Yares, de Scottsdale, Arizona, en cuya galería expone Márquez desde 1986.

El cuadro *La Vida No Es Un Sueño, Pero Puede Llegar a Ser un Sueño* es una de las obras más ambiciosas de finales de los '80. Aquí dos figuras masculinas y dos femeninas desfilan ante una estructura arquitectónica intrincada que tiene arcos ojivales decorados con graffiti. Como en tantas obras de este artista hay una sensación de lo solemne y aun lo sacramental. Cada figura hace un ademán de una manera extrañamente autoconsciente. Nos imaginamos que cada uno de sus movimientos define un estado psíquico o representa una intención simbólica. El título deriva de un poema de Jorge Luis Borges y se refiere a la naturaleza ilusoria de nuestra existencia humana frágil. Y en efecto las sugerencias de la fragilidad y la transitoriedad sirven a menudo de leitmotiv en los lienzos de Márquez . Estas meditaciones melancólicas sobre la fragilidad del ser humano parecen formar el meollo de muchas de las obras de este pintor. En cuanto a los títulos de sus lienzos, Márquez ha declarado que a veces los títulos describen la acción y en otras ocasiones no es así. Siempre anhela que los cuadros reciban un título, puesto que no está satisfecho con dejarlos sin titular. Dichos títulos pueden ser aun palabras inventadas, como en el caso del lienzo *Brni Wulf Ande Ro* de 1987 (lámina 11).

Como ya hemos visto, las referencias específicas a México o a las tradiciones artísticas mexicanas se manifiestan pocas veces de una manera palpable en la obra de Márquez . No obstante, hay ciertas ocasiones cuando nos vemos obligados a considerar las fuentes de inspiración de su país natal. En el cuadro *No Puedo Verte* de 1989 (lámina 22), un muchacho vestido de los pantalones rayados acostumbrados está sentado en un taburete, contemplando un libro. Junto a él se encuentra un modelo en arcilla de la catedral de Guadalajara. Al ser interrogado acerca del significado de este componente del lienzo Márquez ha observado que debe ser simbólico de

In *Death of Manolete* as well as in *The Rake*, 1986 (plate 8), women confront animals while holding their intimate apparel before them. These are two of the earlier examples of paintings in which women are challenged by dangerous forces which they do not choose to control. In the 1993 *The Game of Fire* (plate 52), a nude woman lies, Brunnhilde-like on a bed surrounded by tongues of flame. The red and orange checkerboard pattern of both the floor and walls of the room in which she undergoes her torment seem to magnify the terrifying aspects of the scene. In *Unfinished Botany*, 1993 (plate 54), a blindfolded woman is enmeshed in (and indeed almost strangled by) a garland of huge red roses and in *The Net*, 1993 (plate 55), another female nude is bound by a red cord and seems to cling tenuously to a net. It appears inevitable that she will fall into an abyss. We must ask ourselves how Márquez has developed such a thorough vocabulary of implicitly dangerous or painful scenes. On one hand we could judge these as examples of voyeurism on the part of a male artist perceiving the female as an objectified being. I would mitigate this notion, however, by examining the *oeuvre* as a whole wherein one finds virtually as many analogous scenes involving male characters about to be enveloped in a morass of anguish and suffering. For an explanation of such subject matter I believe that we must refer to the concept, so often developed by the artist, of the dream-like delicacy of the life force. Following Borges' view of the labyrinthine nature of our existence, it appears as if Márquez is attempting, through the entirety of his works, to come to a détente with the inexorable forces of fate.

To deal with the often overwhelming conundra of life Márquez often turns to myth and legend, attempting to seek either refuge or search for explanations for the mysteries and inequities of existence. The references that we perceive through the paintings' titles may be obscure, yet these paintings are not meant to be easy to read. The artist certainly has a myriad of specific interpretations

la importancia primordial del legado cultural de dicha ciudad mexicana en su obra. El lienzo *Breve Historia de México* de 1989 (lámina 19), representa a una mujer desnuda con los ojos vendados, que se esfuerza por golpear una piñata con un palo, mientras que los cuadros *Hemingway o Proust* (lámina 17), y *Muerte de Manolete* (lámina 18), ambos del año 1988, representan a mujeres desnudas dentro de una plaza de toros altamente abstracta que participan en una corrida. Aunque estas imágenes pueden referirse directamente a elementos de una realidad hispánica, no se conforman de ninguna manera con el sinnúmero de estereotipos que los artistas, tanto mexicanos como extranjeros, han cultivado de modo consciente para apelar a un público que busca lo folklórico o lo "exótico" del arte mexicano.

En el lienzo *Muerte de Manolete* como también en *El Trinche*, de 1986 (lámina 8), las mujeres afrontan a los animales teniendo delante prendas íntimas. Estos son dos de los ejemplos tempranos de cuadros en los que las mujeres están desafiadas por fuerzas peligrosas que no se molestan por dominar. En el cuadro *El Juego del Fuego* de 1993 (lámina 52), una mujer desnuda yace, al estilo de Brunnhilde, sobre un lecho rodeado por lenguas de llamas. El diseño, a modo de tablero de damas—en rojo y anaranjado—, del suelo y las paredes del cuarto en el que sufre su suplicio parece aumentar los aspectos aterradores de la escena. En el cuadro *La Botánica Inconclusa* de 1993 (lámina 54), una mujer con los ojos vendados se encuentra enredada en una guirnalda de enormes rosas rojas (y casi parece estrangulada por ellas); y en el lienzo *La Red* de 1993 (lámina 55), otra mujer desnuda se halla ligada por un cordón rojo, y parece agarrarse tenuemente de una red; parece inevitable que caerá en un abismo. Hay que preguntarse cómo ha desarrollado Márquez tal repertorio de escenas implícitamente peligrosas o penosas. Por una parte podríamos juzgarlos como ejemplos del "voyeurismo" por parte del artista varón que percibe a la mujer como un ente objetivado. Esta idea se mitiga, al examinar la obra como un conjunto dentro del cual se encuentran virtualmente tantas escenas análogas en las que el hombre también parece estar envuelto en una maraña de

in mind yet, at the same time, realizes that once a work of art leaves the hands of its creator it enters the collective consciousness of all those who observe and react to it, therefore allowing a multitude of messages to emerge from it. He has executed several canvases utilizing themes relating to the ancient Czech-Jewish fable of the Golem. *The Passion of Al-Hallaj*, 1991 (plate 36), alludes to the obscure story of an Islamic saint who was martyred for his moral beliefs and *Your Name Could be Phaeton*, 1991 (plate 38), has at least some tenuous allusions to Greek mythology. Nonetheless, each of these images has a distinct life and meaning of its own. It may grow out, in an organic way, of its original sources (insinuated in the title) but it assumes a distinct meaning that may be amplified and transformed by each person who contemplates these paintings.

One of the works that best captures the hauntingly oneiric qualities of the art of Márquez, exemplifying his attachment to myth and his interest in the intimations of both the fugitive nature of life and timelessness is the 1992 painting *Where is Avalon?* (plate 40). A young man is seen all but submerged in a vaporous, watery place. Only his head remains for the viewer to see, his face looking out with bewilderment. The sky darkens and there is a faint note of dread present. Avalon is, of course, the island paradise in the western seas referred to in the legends of King Arthur. It was there that the Arthurian heroes went to die. It is a place of tranquility and repose. Márquez transforms this specific reference into an icon of our mutual existences. He obliges us to confront ourselves and our desires for an ultimate respite from the travails that plague us in our daily lives. In a greater sense, however, this work (like others by this artist) can be read as a metaphor for a greater purity in life, a renewal of the lost state of innocence that now seems so foreign to us but which, Márquez seems to think, is just slightly beyond our grasp.

angustia y sufrimiento. Para una explicación de tal temática, creo que hay que referirse al concepto, tan desarrollado por el artista, de la delicadeza onírica de la fuerza vital. Siguiendo la perspectica borgiana de la naturaleza laberíntica de la existencia humana, es como si Márquez intentara—mediante el conjunto de sus obras—llegar a una tregua con las fuerzas inexorables del destino humano.

Con el fin de tratar los enigmas a veces abrumadores de la vida, Márquez vuelve los ojos a menudo al mito y a la leyenda, intentando buscar o refugio o una explicación a los misterios y las inequidades de la existencia humana. Las alusiones en los títulos de los cuadros pueden ser arcanas, sin embargo estos cuadros no fueron pintados con la idea de ser interpretados de una manera fácil. El artista tiene en mente seguramente un sinnúmero de interpretaciones específicas, sin embargo, al mismo tiempo, se da cuenta cabal de que una vez que la obra de arte sale de las manos del creador entra en la conciencia colectiva de cuantos la observan y reaccionan ante ella, permitiendo de esa manera una multitud de mensajes. El artista ha pintado varios lienzos basados en los temas relacionados con la fábula checo-judía del Golem. El cuadro *La Pasión de Al-Hallaj* de 1991 (lámina 36),alude a la historia oscura de un santo islámico martirizado por sus creencias morales; y el de *Podría Llamarte Phaeton* de 1991 (lámina 38), posee al menos algunas referencias tenues a la mitología griega. No obstante, cada una de estas imágenes tiene una vida independiente y un significado propio. La imagen puede brotar—de una manera orgánica—de sus fuentes originales (sugeridas en el título), pero asume un significado distinto que puede estar amplificado y transformado por cada espectador.

Una de las obras que captan mejor las cualidades obsesionantemente oníricas del arte de Márquez y que ejemplifica su apego al mito y su interés en las sugerencias de la intemporalidad y la esencia fugaz de la vida es el lienzo *¿Dónde Está Avalón?* de 1992 (lámina 40). Se contempla a un joven casi completamente sumergido en un

We might take the ideas embodied in *Where is Avalon?* as symbolic of the universal message of this artist's visual production. He has been able to capture, in a unique manner, the ubiquitous vocabulary of universal truths, distilling them into images that are perhaps at first glance paradoxical and cryptic. Yet when the viewer looks beyond their surface they unfold for us a powerful message of innate compassion and understanding of the condition of humanity.

Edward J. Sullivan, 1994

The author wishes to thank Roberto Márquez for his gracious cooperation in the writing of this essay and Joanne Stuhr for her expert editorial assistance. Information about some of the individual works of art have been gained through interviews which the author has conducted with the artist.

sitio acuoso, vaporoso. El espectador observa sólo su cabeza visible, y la cara tiene una mirada de aturdimiento. El cielo se oscurece y se detecta una ligera nota de terror. Avalón es la isla-paraíso en los mares occidentales mencionados en las leyendas del rey Artús. El lugar adonde fueron a morir los héroes arturianos, es un sitio de tranquilidad y reposo. Márquez transforma esta referencia específica en un ícono de nuestras existencias mutuas. El artista nos obliga a confrontar y afrontar también nuestros anhelos para un descanso último de las vicisitudes que nos asedian en la vida diaria. Sin embargo, en un sentido más lato, este cuadro (como en otros del pintor) puede interpretarse como una metáfora de una mayor pureza en la vida, una renovación del estado de inocencia perdida que nos parece ahora tan lejano, pero que en la visión de Márquez está apenas más allá de nuestro alcance.

Se podría aceptar las ideas encarnadas en el lienzo *¿Dónde Está Avalón?* como el símbolo del mensaje universal de la creación pictórica de este artista. Ha logrado captar—de una manera única—el repertorio omnipresente de las verdades universales, destilándolas en imágenes que son tal vez a primera vista crípticas y paradójicas. Sin embargo, cuando el espectador contempla más allá de su superficie, los lienzos despliegan un poderoso mensaje de la compasión innata y una comprensión de la condición humana.

Traducido por Wayne H. Finke

El autor quiere agradecer a Roberto Márquez por su gentil colaboración en la redacción de este ensayo, y asimismo a Joanne Stuhr por su ayuda editorial. La información acerca de algunos de los lienzos específicos ha sido facilitada en entrevistas mantenidas con el pintor.

COLOR PLATES

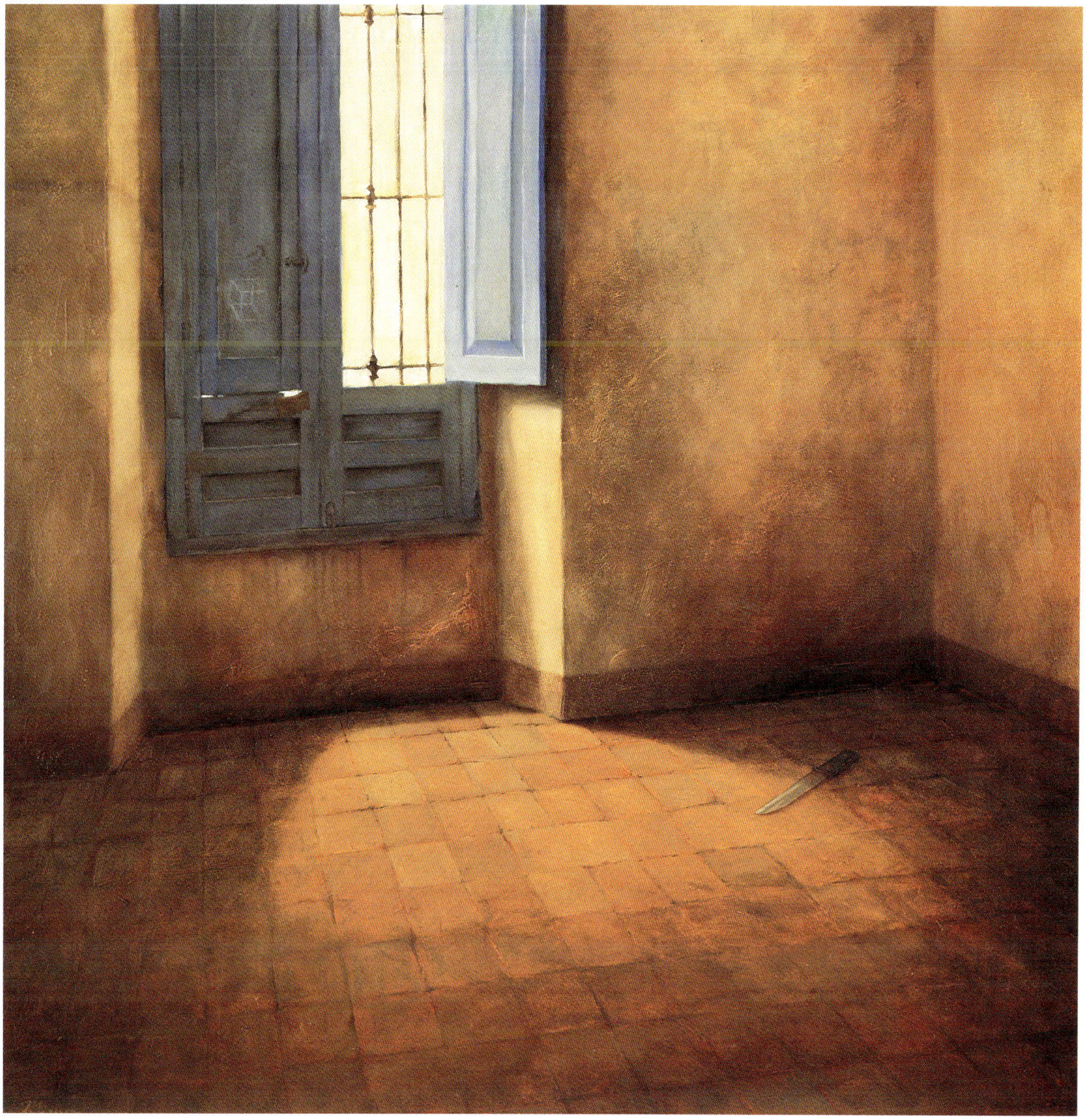

1. DESPUES DEL DILUVIO 1984
After the Flood
oil on canvas 48"x48"
Mr. & Mrs. Xavier Brockmann, Mexico

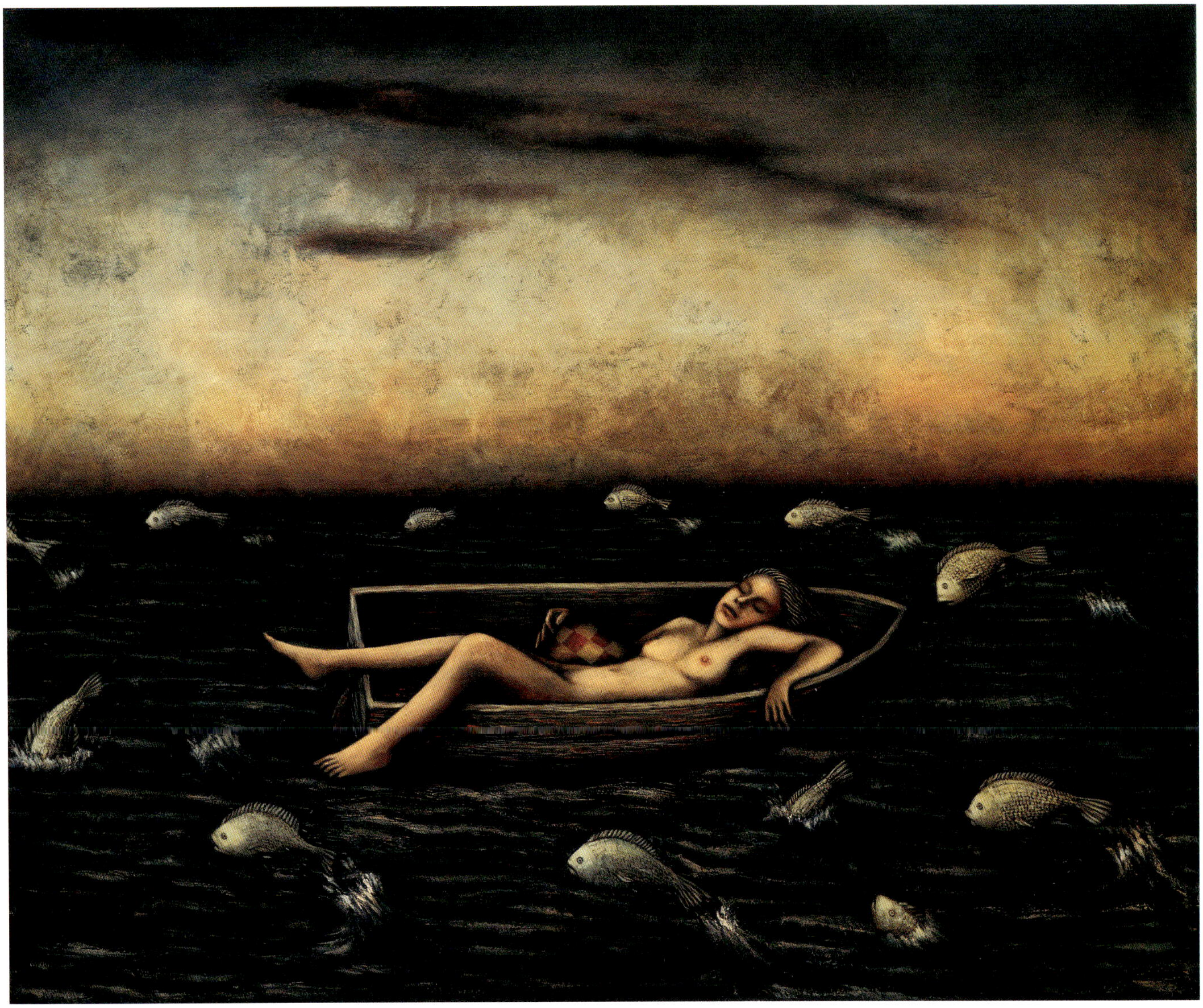

2. LA MEMORIA DEL PEZ 1985
The Memory of the Fish
oil on canvas 60"x72"
Drina Krimm, California

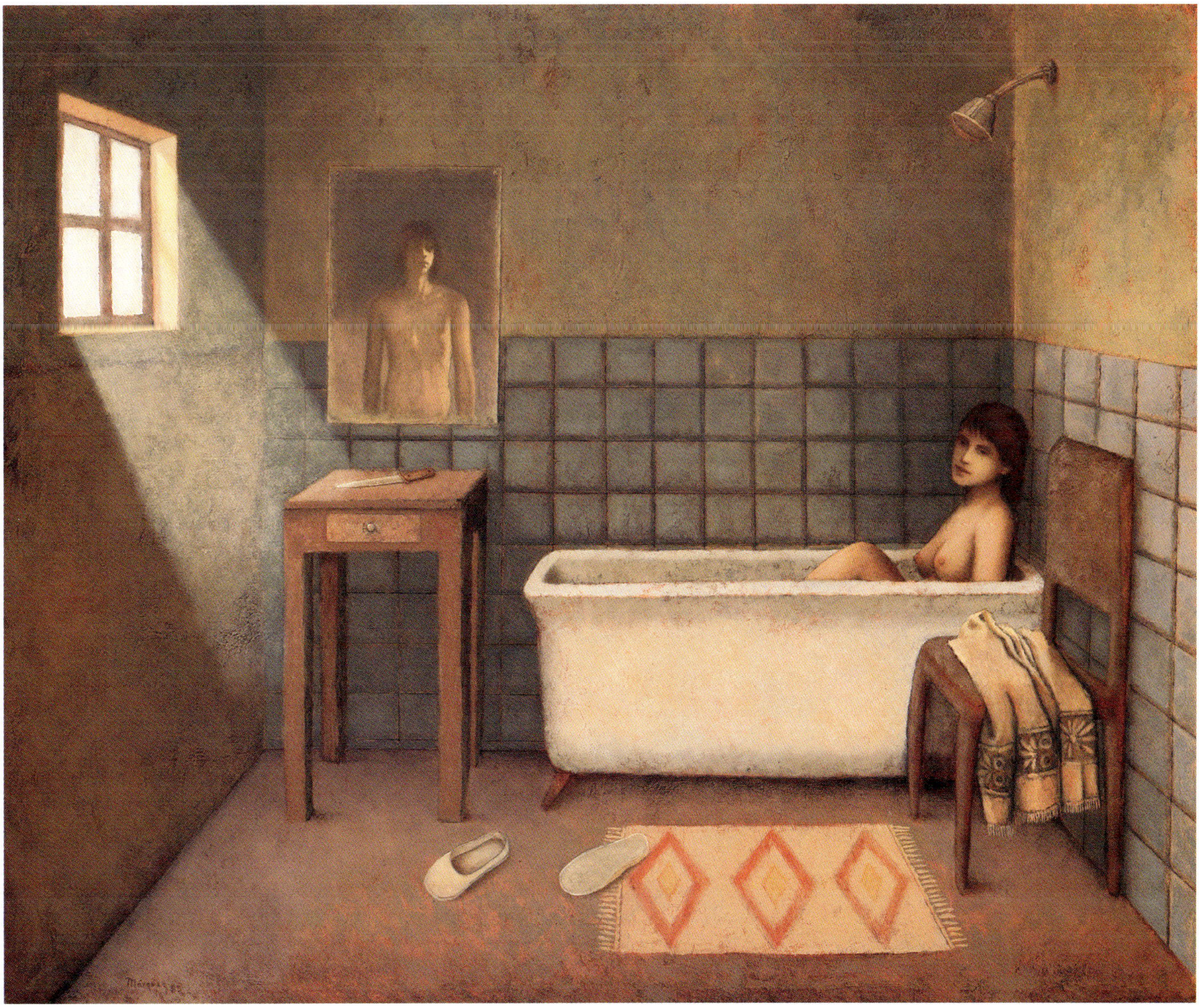

3. EL SUEÑO DE CHARLOTTE 1985
The Dream of Charlotte
oil on canvas 60"x72"
Melissa Dubose, California

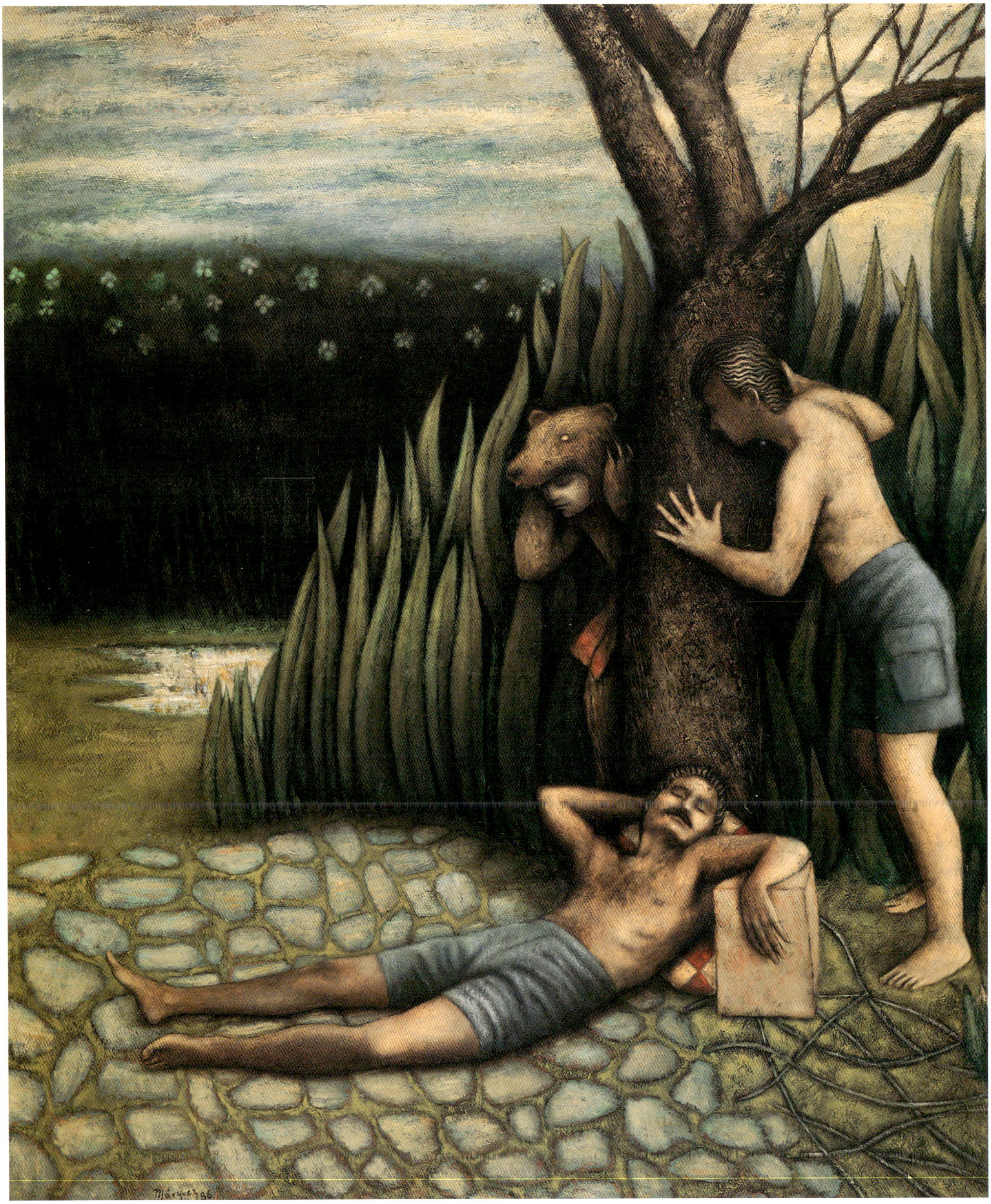

4. LA TEORIA DEL OSO 1986
The Theory of the Bear
oil on canvas 72"x60"
Mr. & Mrs. John Moore, Arizona

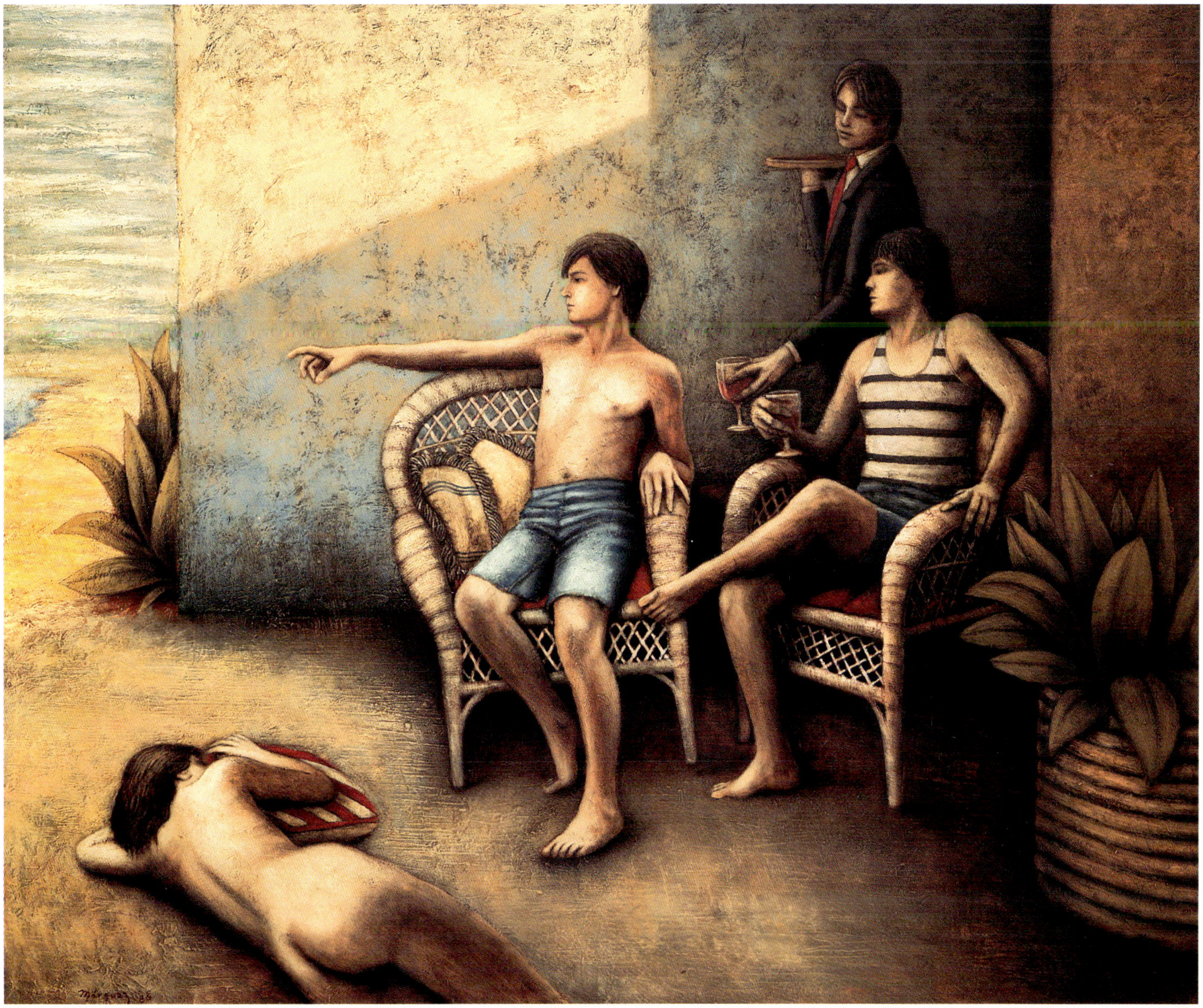

5. THERE WERE NO ROSES IN THE COOL CAFE — 1986
oil on canvas — 60″x72″
Dr . & Mrs. Seymour Ziegelman, Michigan

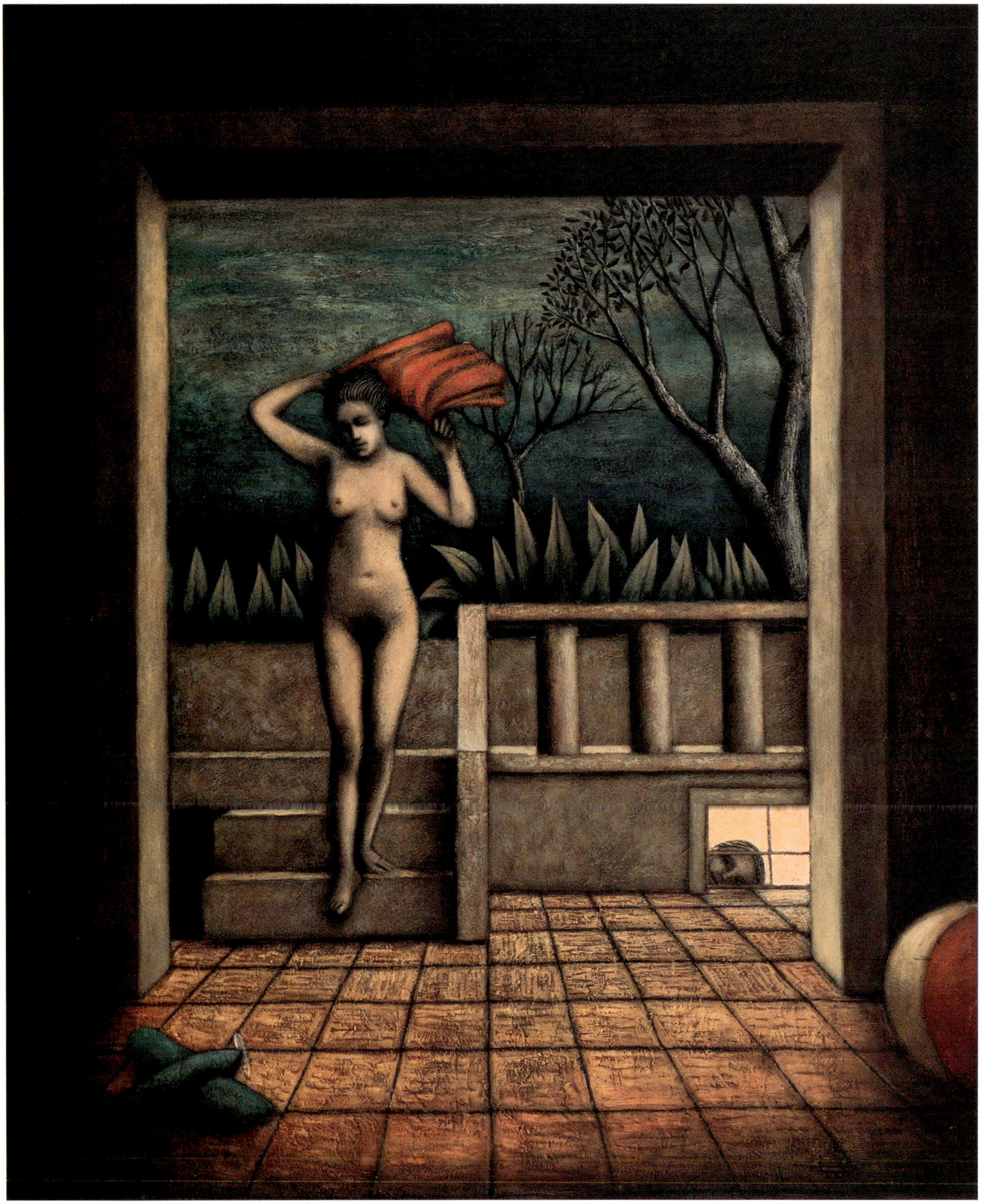

6. LA SONAMBULA 1986
The Somnambulist
oil on canvas 71"x58.5"
Dr. & Mrs. Seymour Ziegelman, Michigan

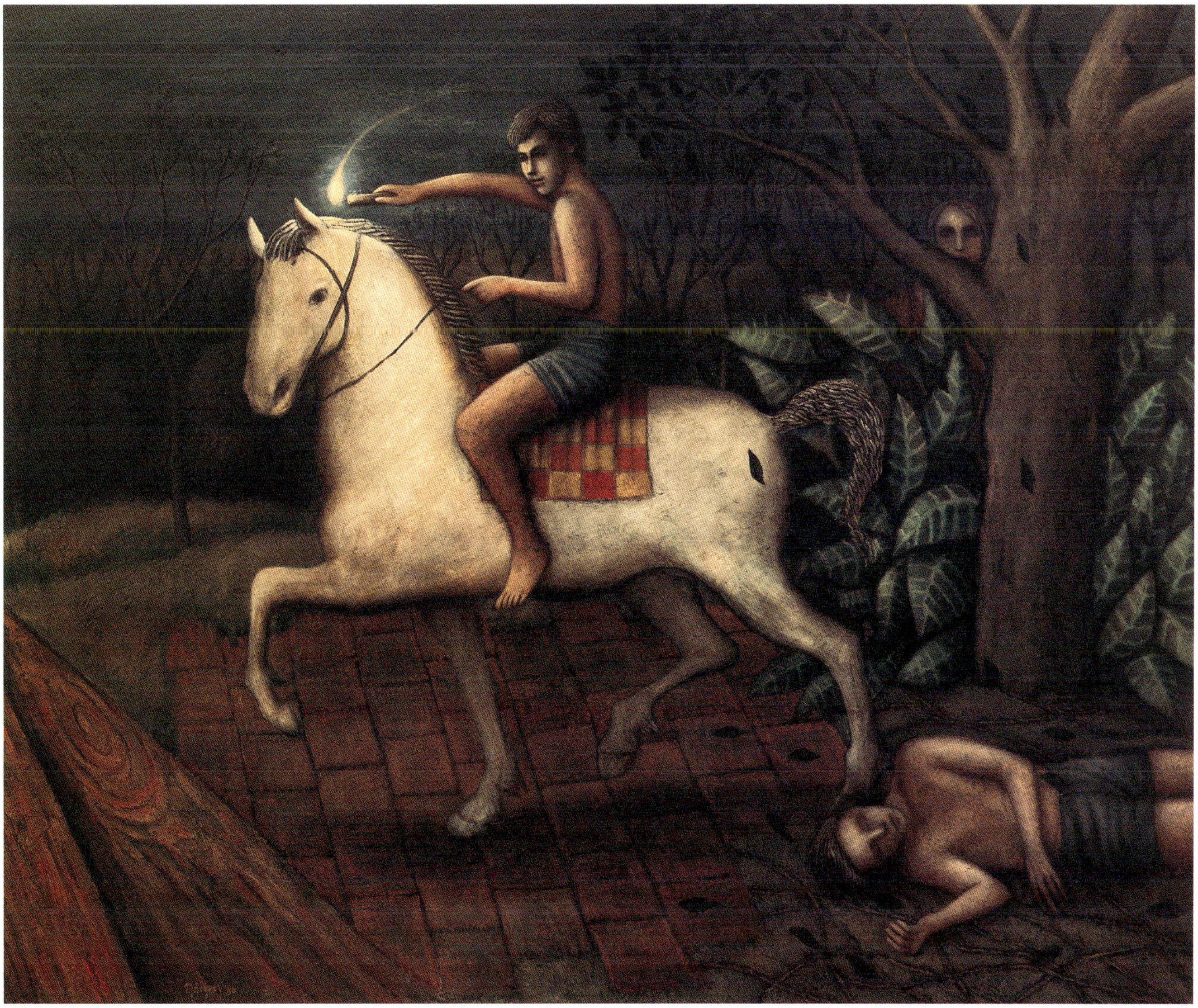

7.	LA DEBILIDAD DE LA NOCHE	1986
	Weakness of the Night	
	oil on canvas	60"x72"
	Mr. & Mrs. Bryant Stooks, Arizona	

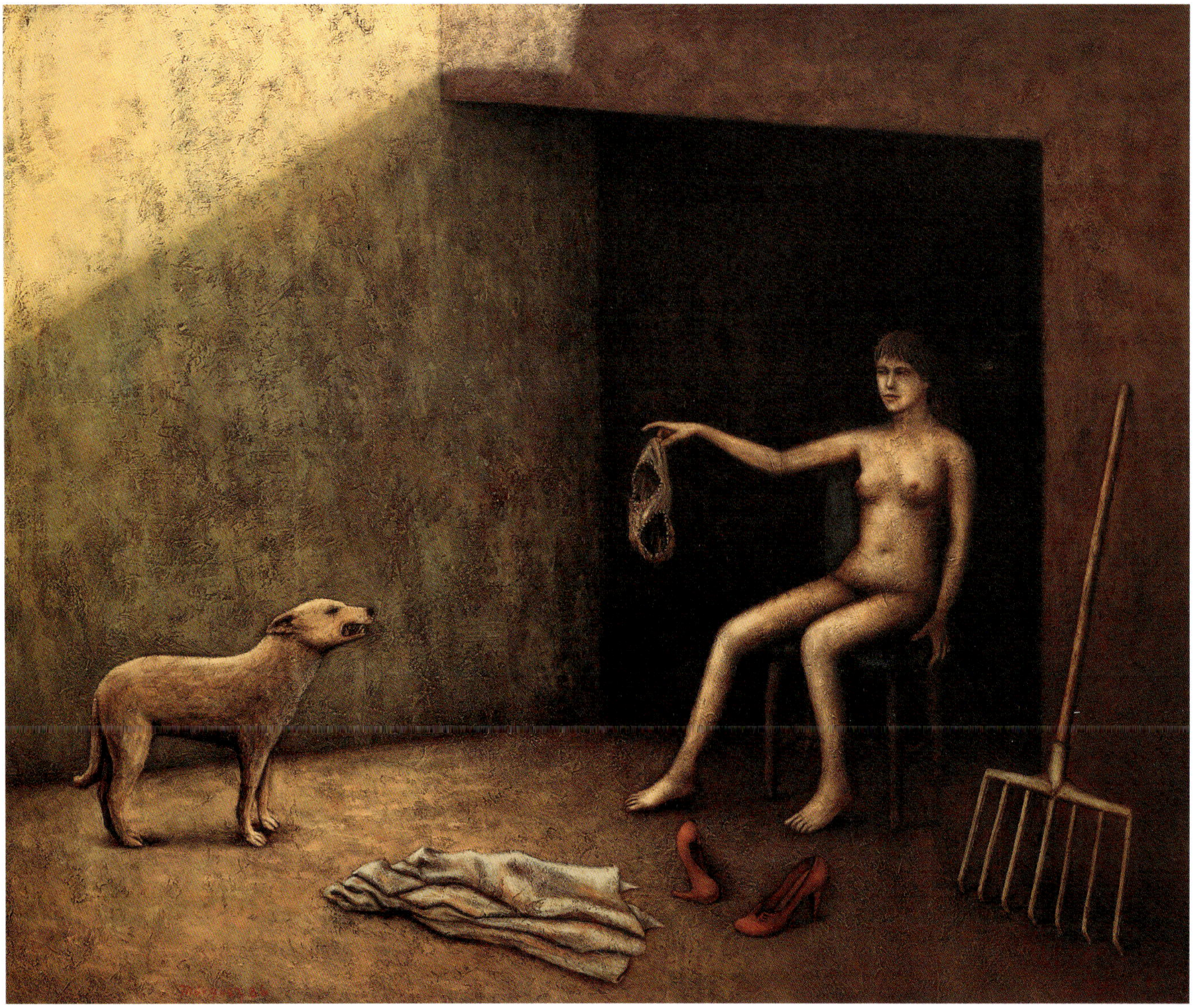

8. EL TRINCHE 1986
The Rake
oil on canvas 60"x72"
Private Collection

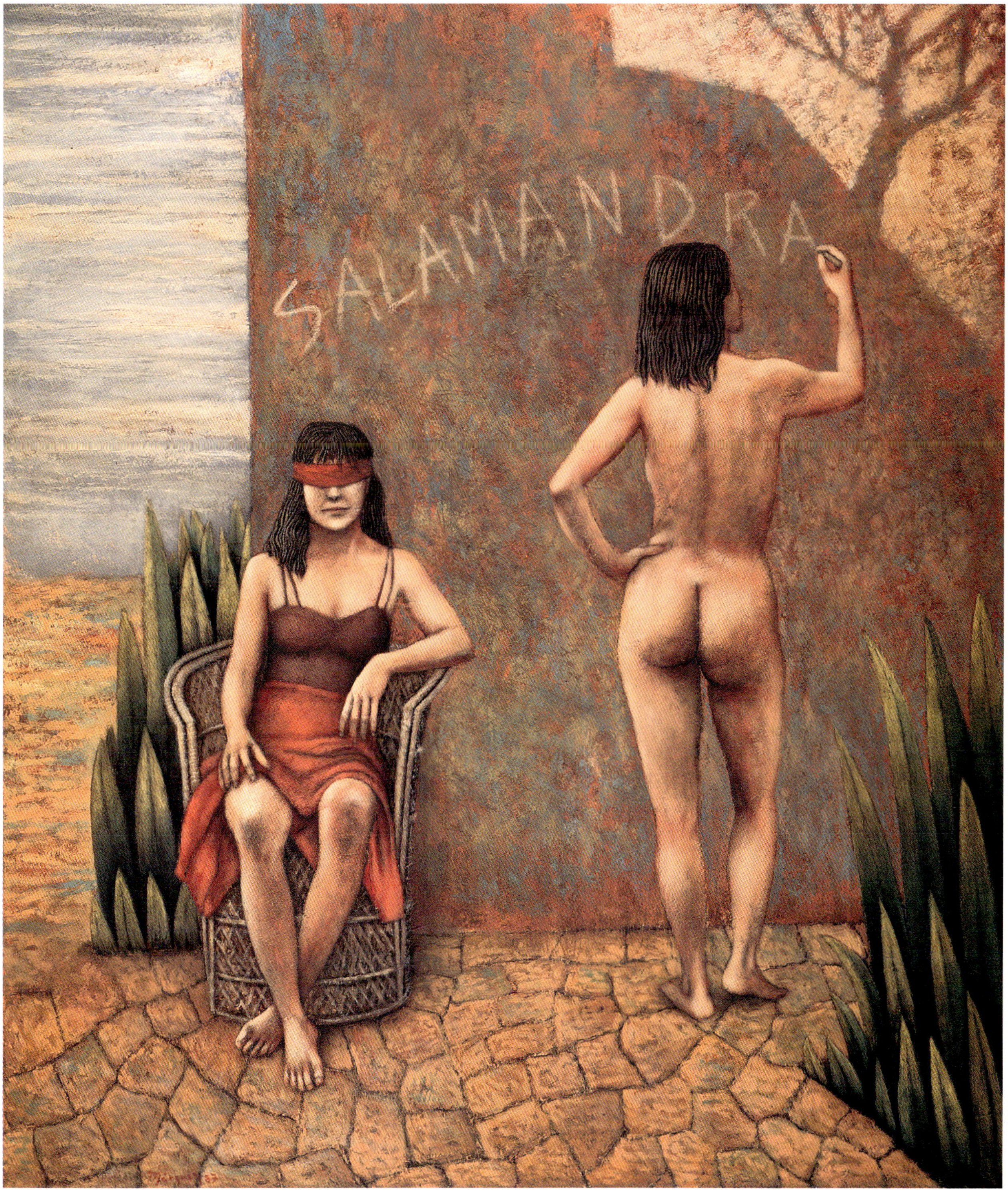

9. EL SUEÑO DE LA SALAMANDRA 1987
The Salamander's Dream
oil on canvas 70"x60"
Mr. David Banks, Arkansas

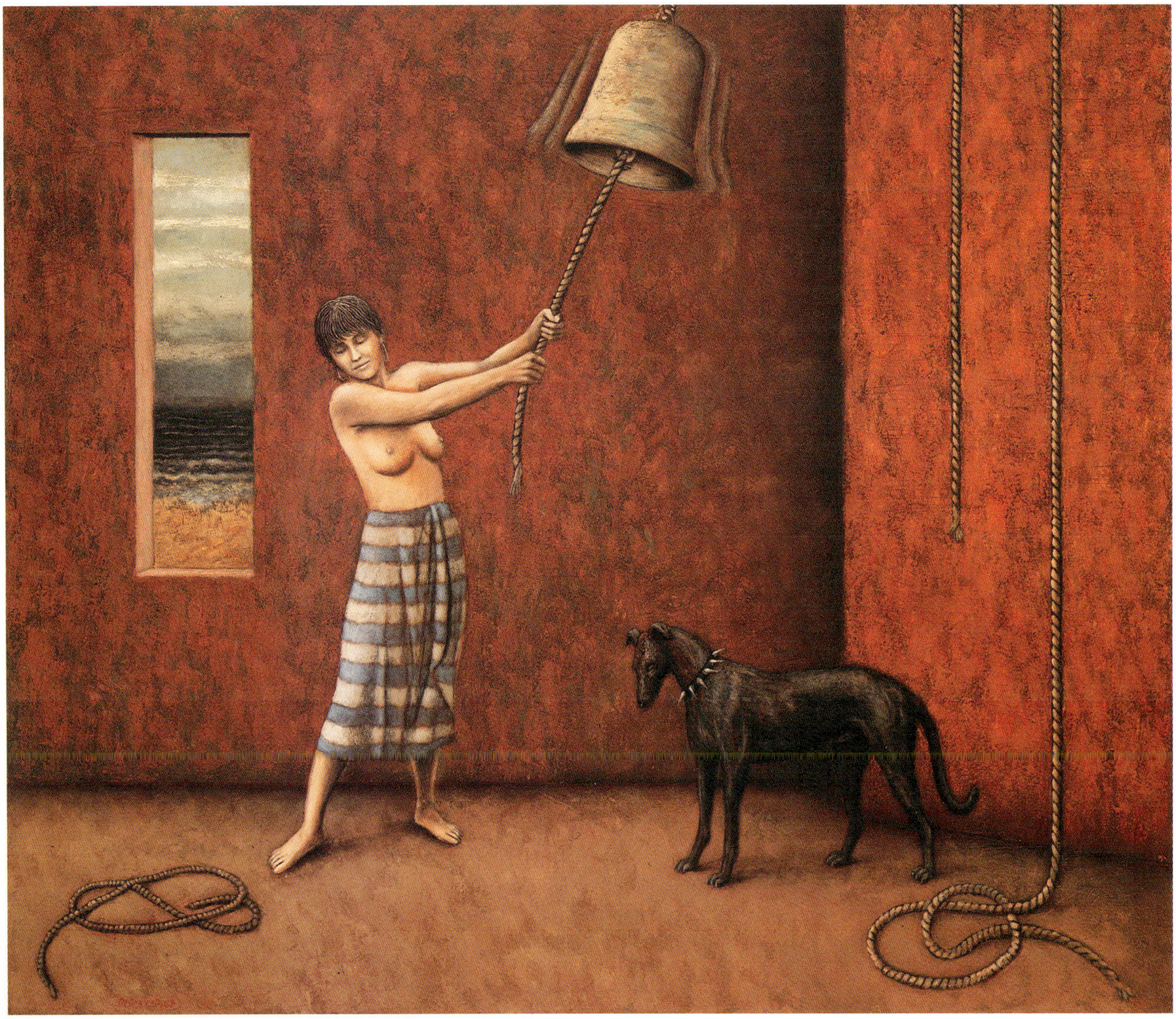

10. EL PERRO DEL ANGELUS 1987
The Dog of the Angelus
oil on canvas 60″x70″
Dr. & Mrs. Joel Cohen, Arizona

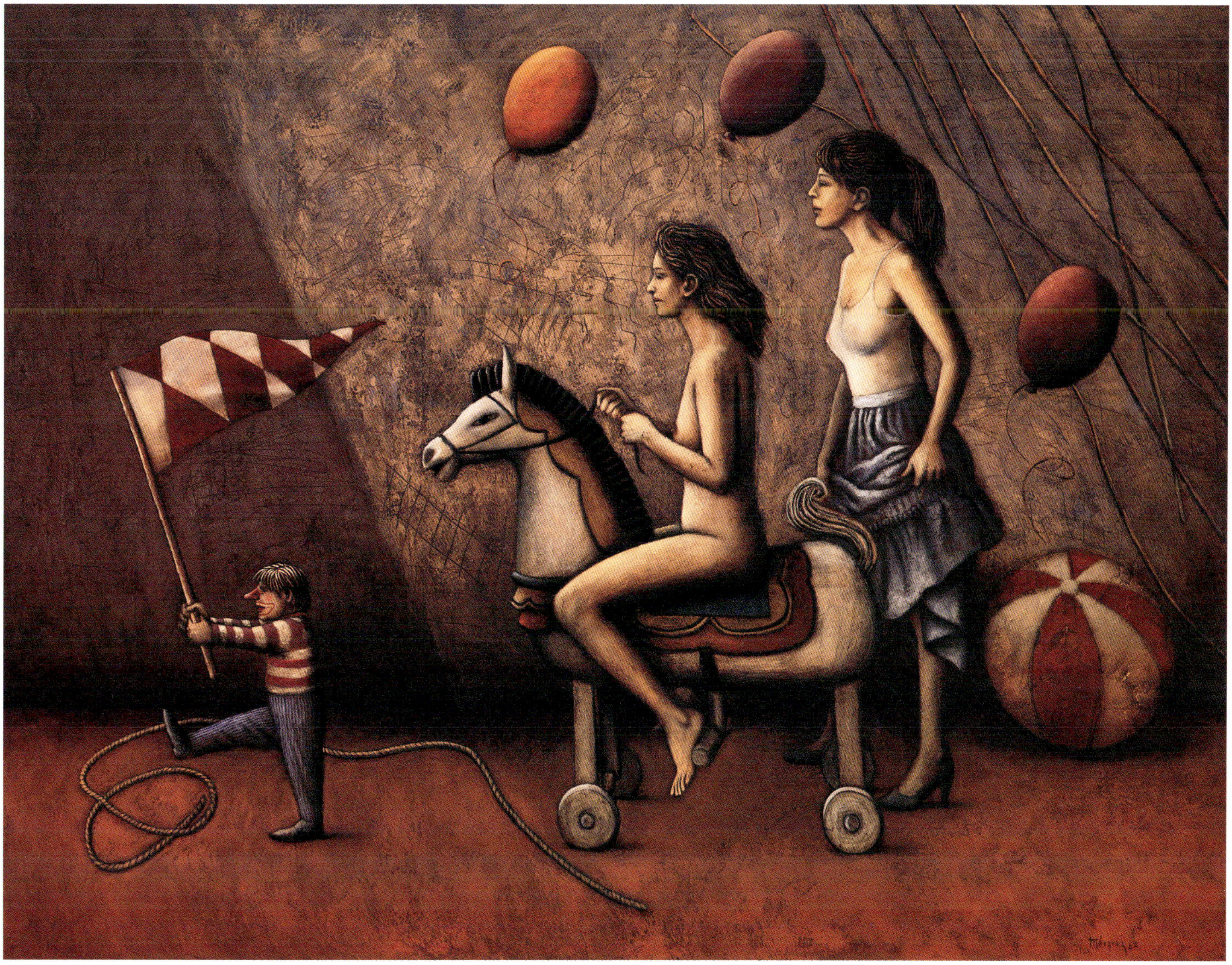

11. BRNI WULF ANDE RO — 1987
oil on canvas — 60″x78″
Mr. & Mrs. Michael Ashford, Texas

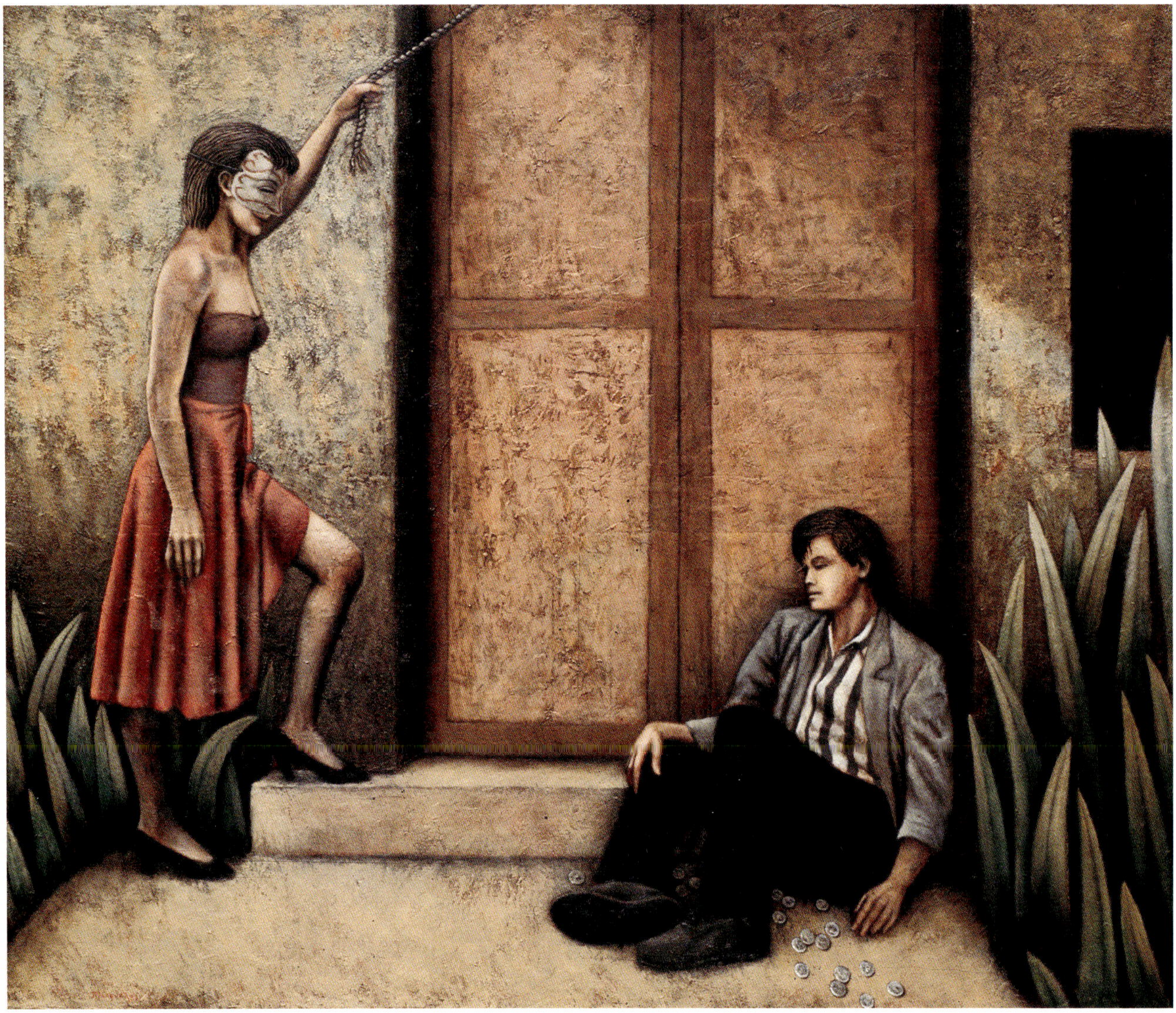

12. ¿EN DONDE ESTA TODO MI DINERO? 1987
Where is All My Money?
oil on canvas 60"x70"
Mr. George Boutel, Arizona

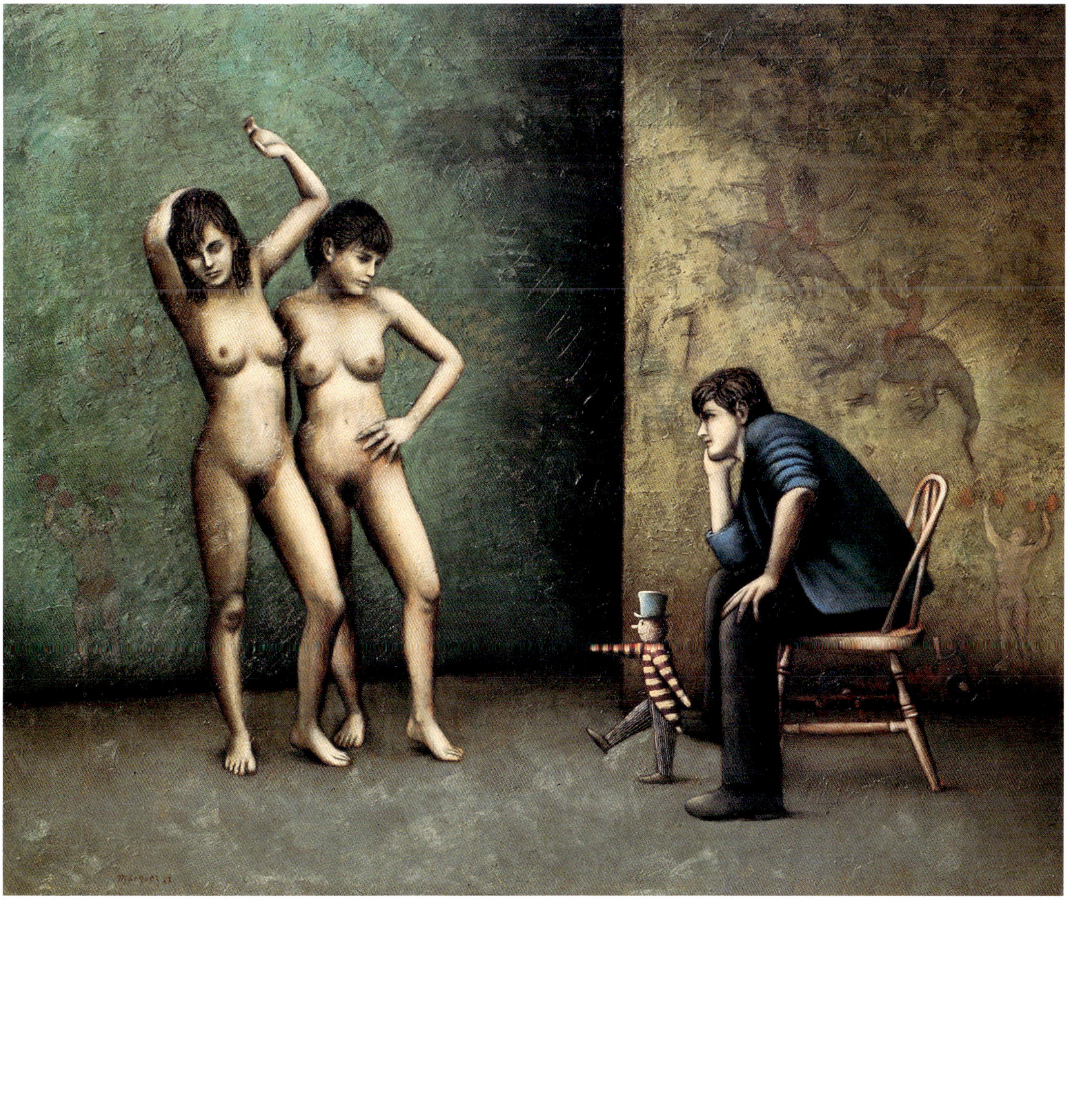

13. DUDA A LOS 27 1987
Doubt at 27
oil on canvas 60"x72"
Dr. Hannah Theile, California

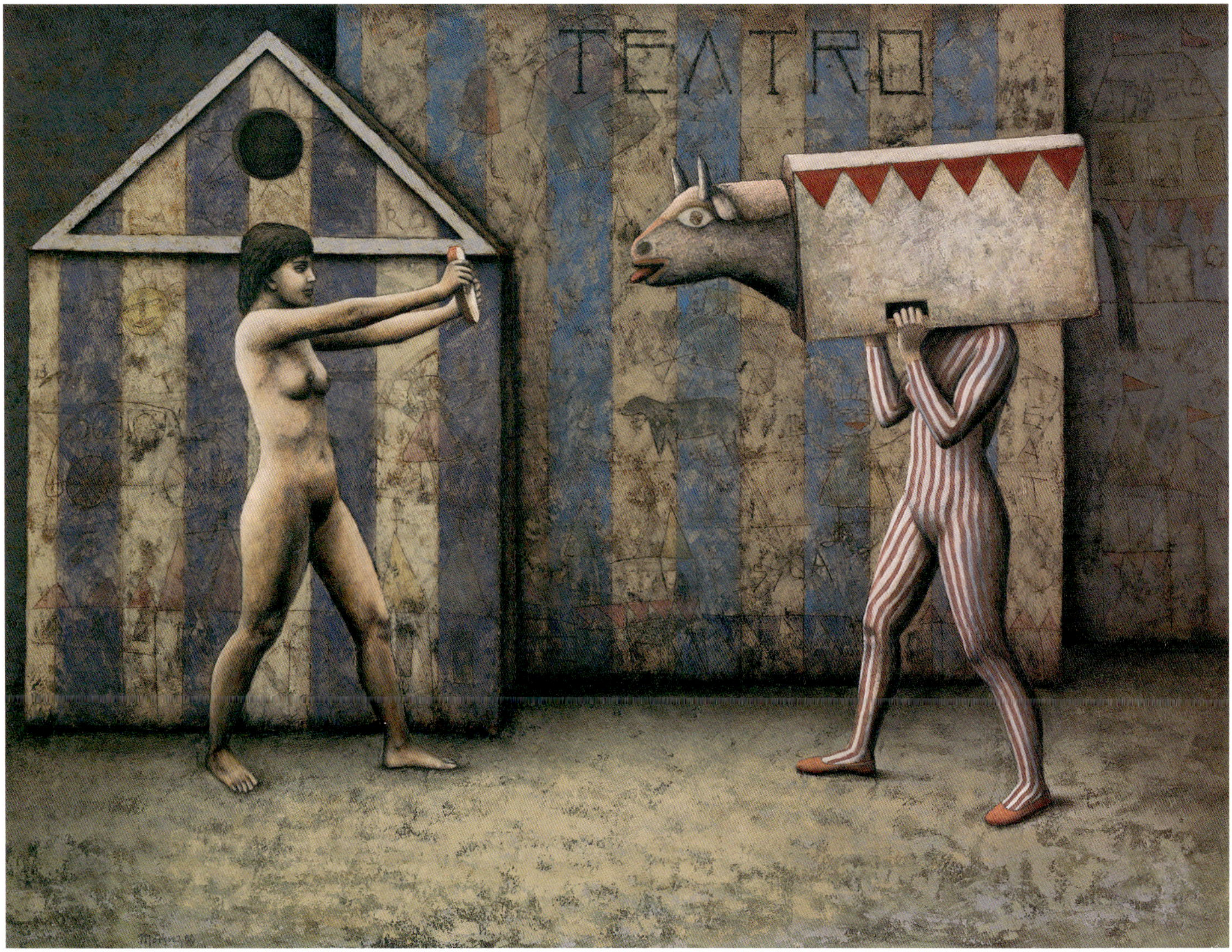

14. LOS ESPEJOS NO TIENEN MEMORIA 1988
Mirrors Have No Memory
oil on canvas 60"x78"
Mr. & Mrs. Stuart Steckler, New York

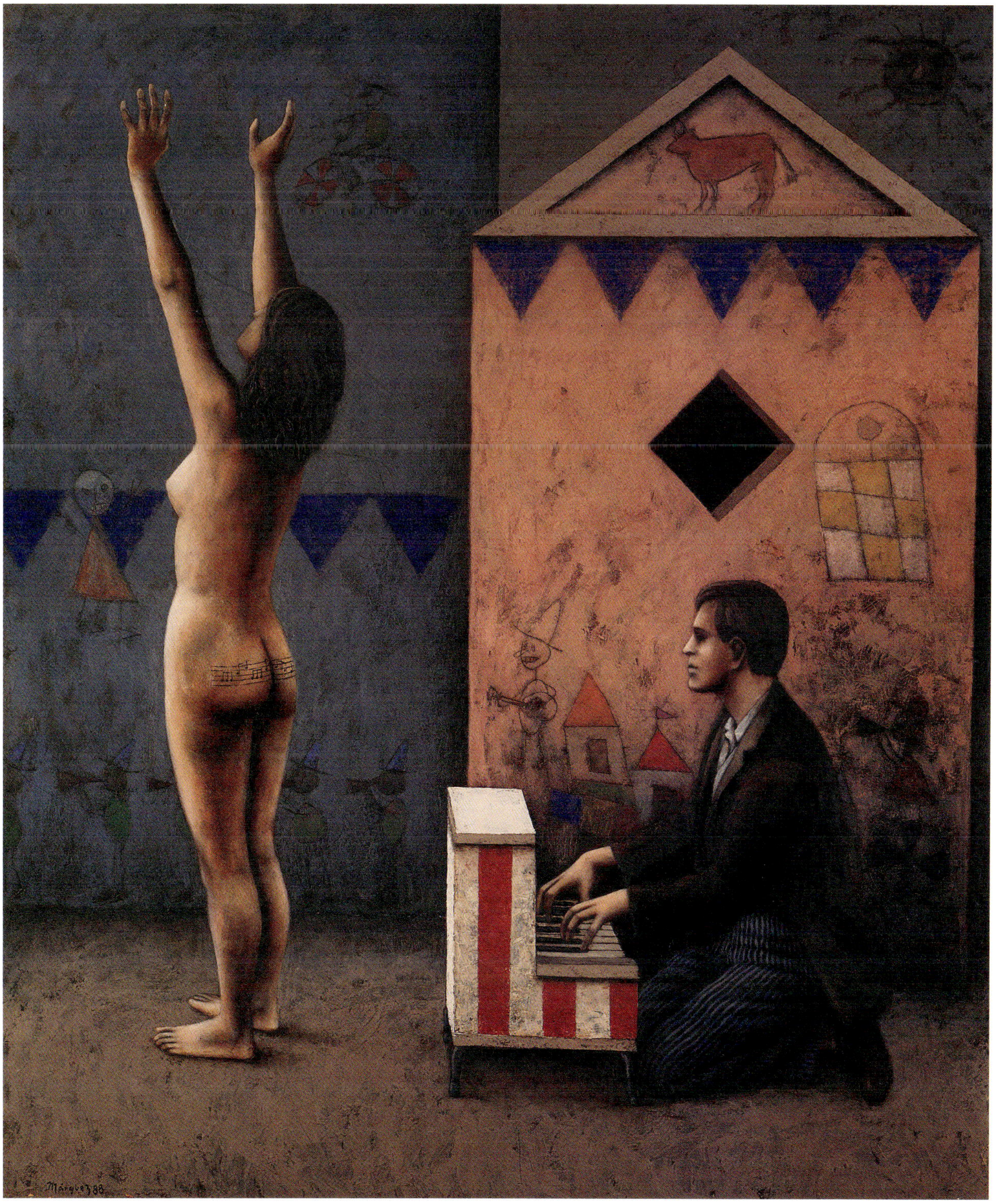

15. CODEX GLUTEUM 1988
oil on canvas 72"x60"
Mr. & Mrs. Steve Friedman, Arizona

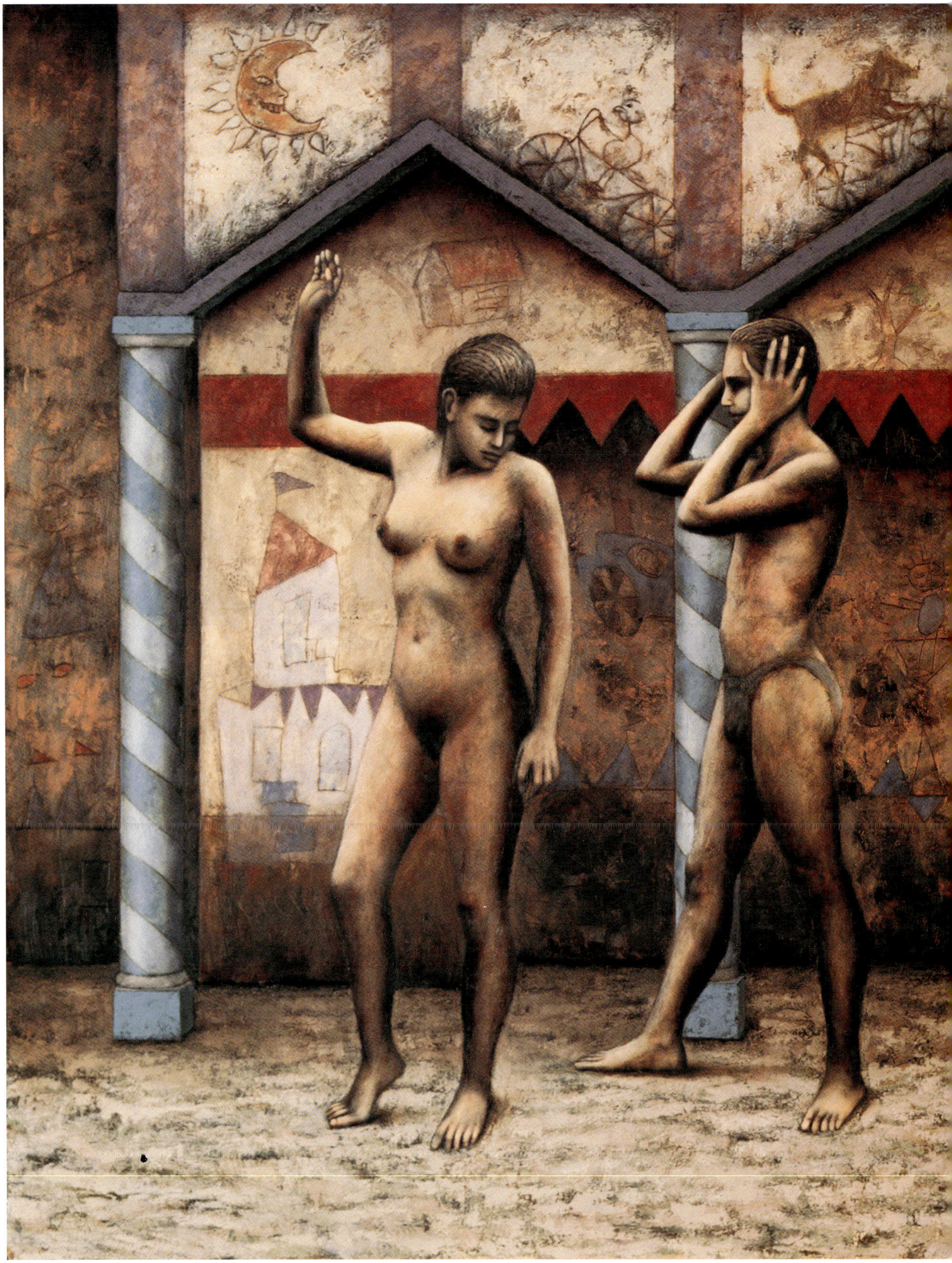

16. LA VIDA NO ES UN SUEÑO, PERO PUEDE LLEGAR A SER UN SUEÑO 1988
Life is Not a Dream, But It Can Be a Dream
oil on canvas (diptych) 76"x120"
Mr. Stephane Janssen, New Mexico

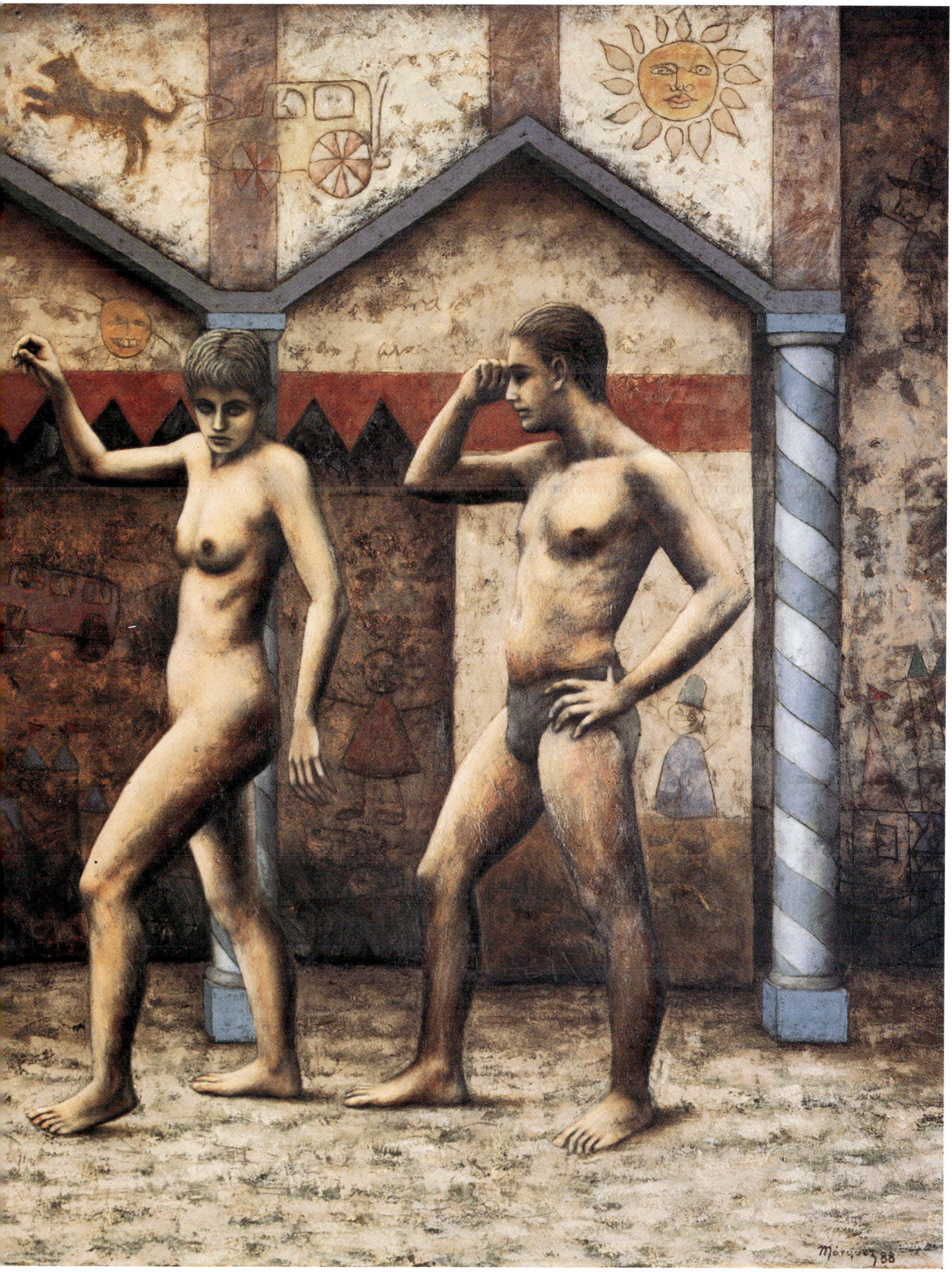

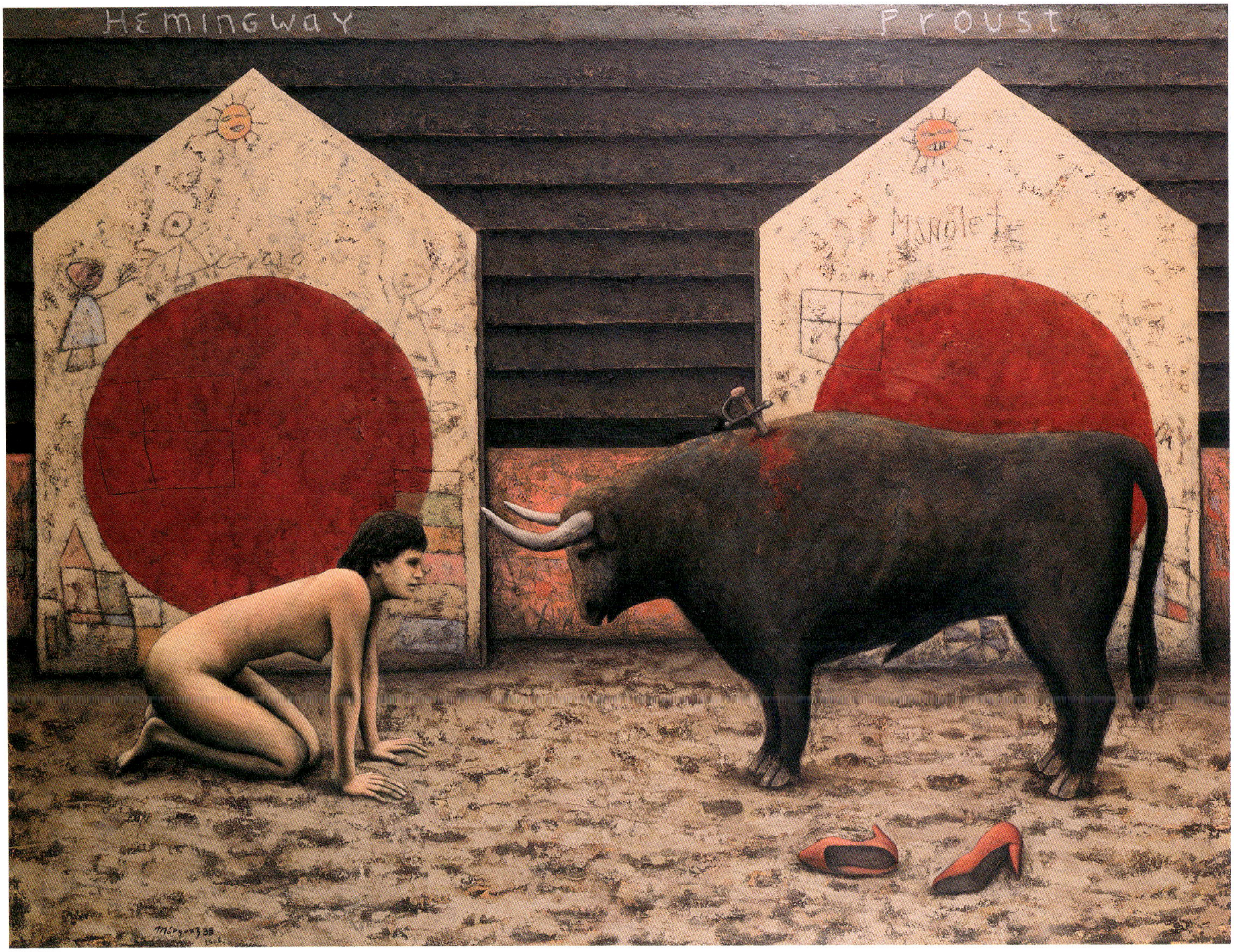

17. HEMINGWAY O PROUST 1988
Hemingway or Proust
oil on canvas 60"x78"
Dr. & Mrs. Seymour Ziegelman, Michigan

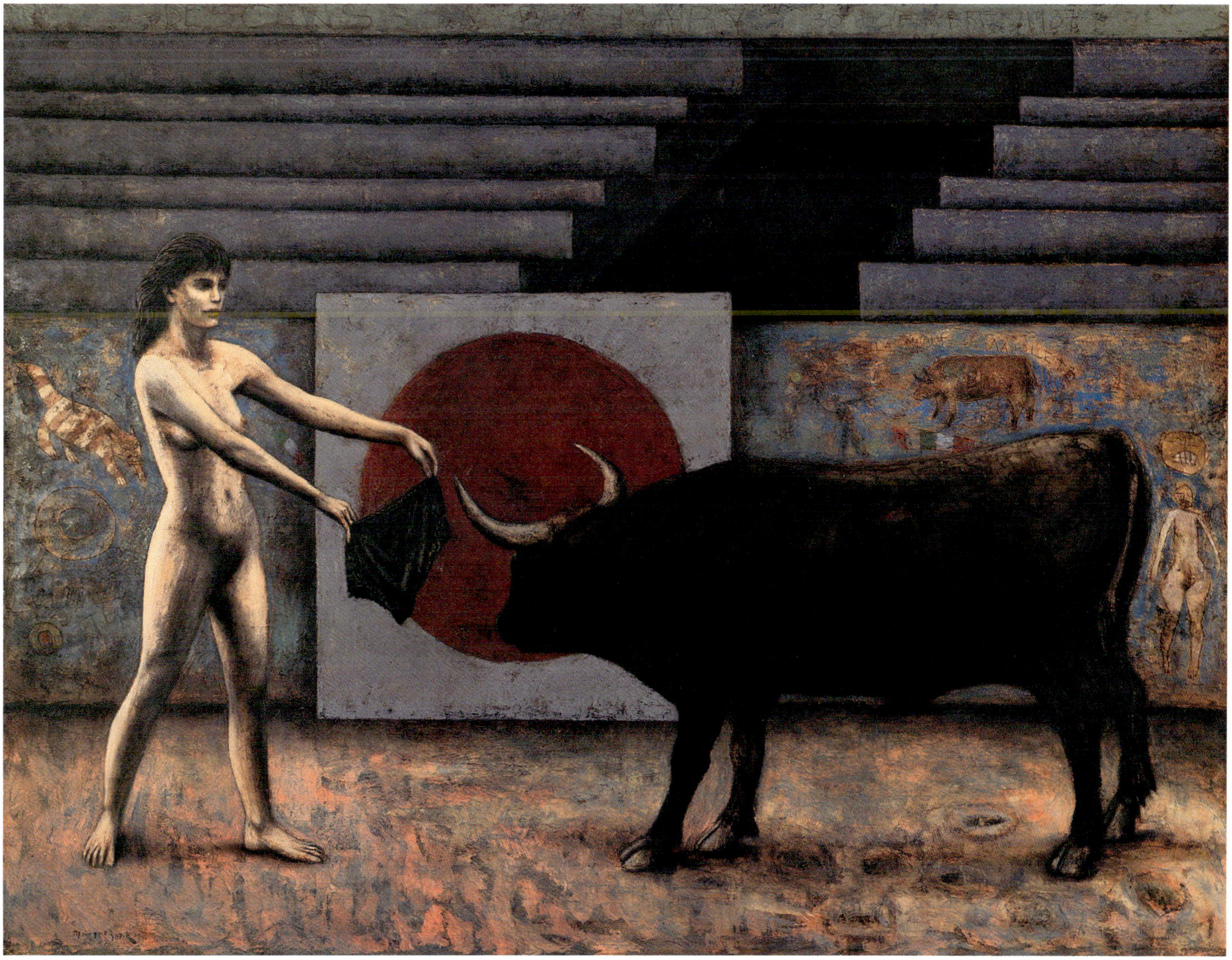

18.	MUERTE DE MANOLETE	1988
	Death of Manolete	
	oil on canvas	60″x78″
	Mr. & Mrs. Mel Ritter, Arizona	

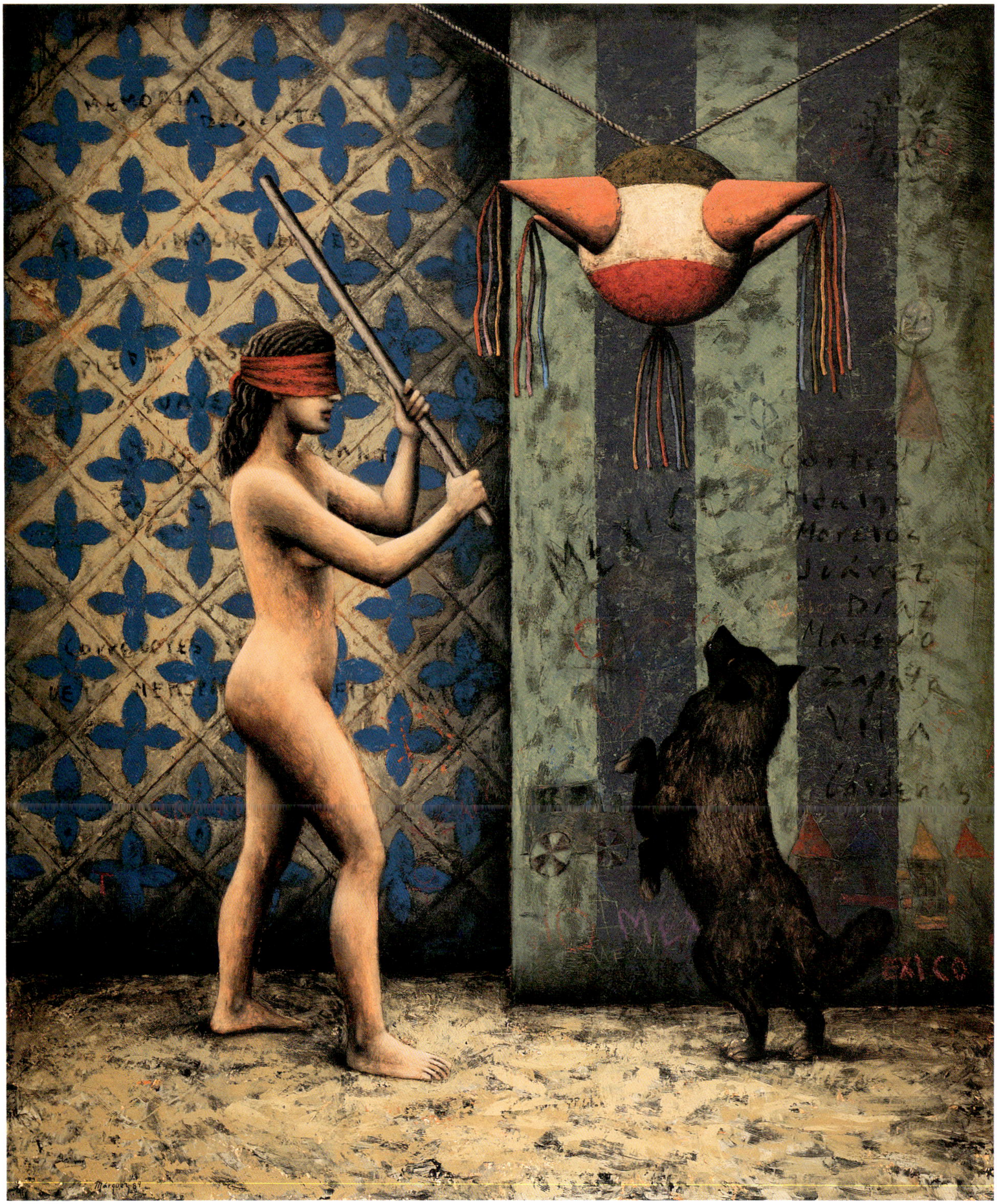

19. BREVE HISTORIA DE MEXICO 1989
Brief History of Mexico
oil on canvas 72"x60"
Mr. David Haddad, California

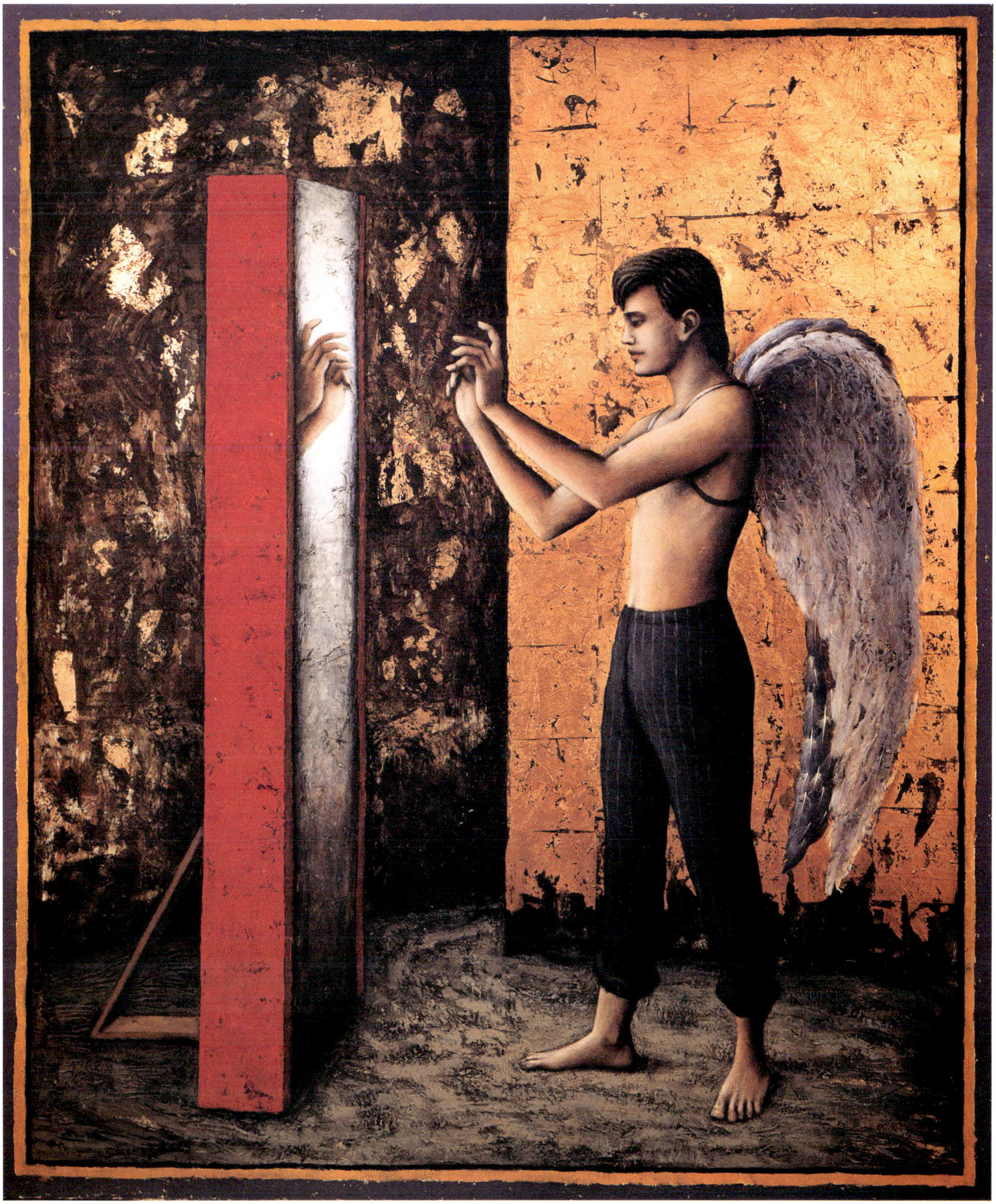

20. JUEGO DE ESPEJOS 1989
Game of Mirrors
mixed media on canvas 72"x60"
Collection of the Artist

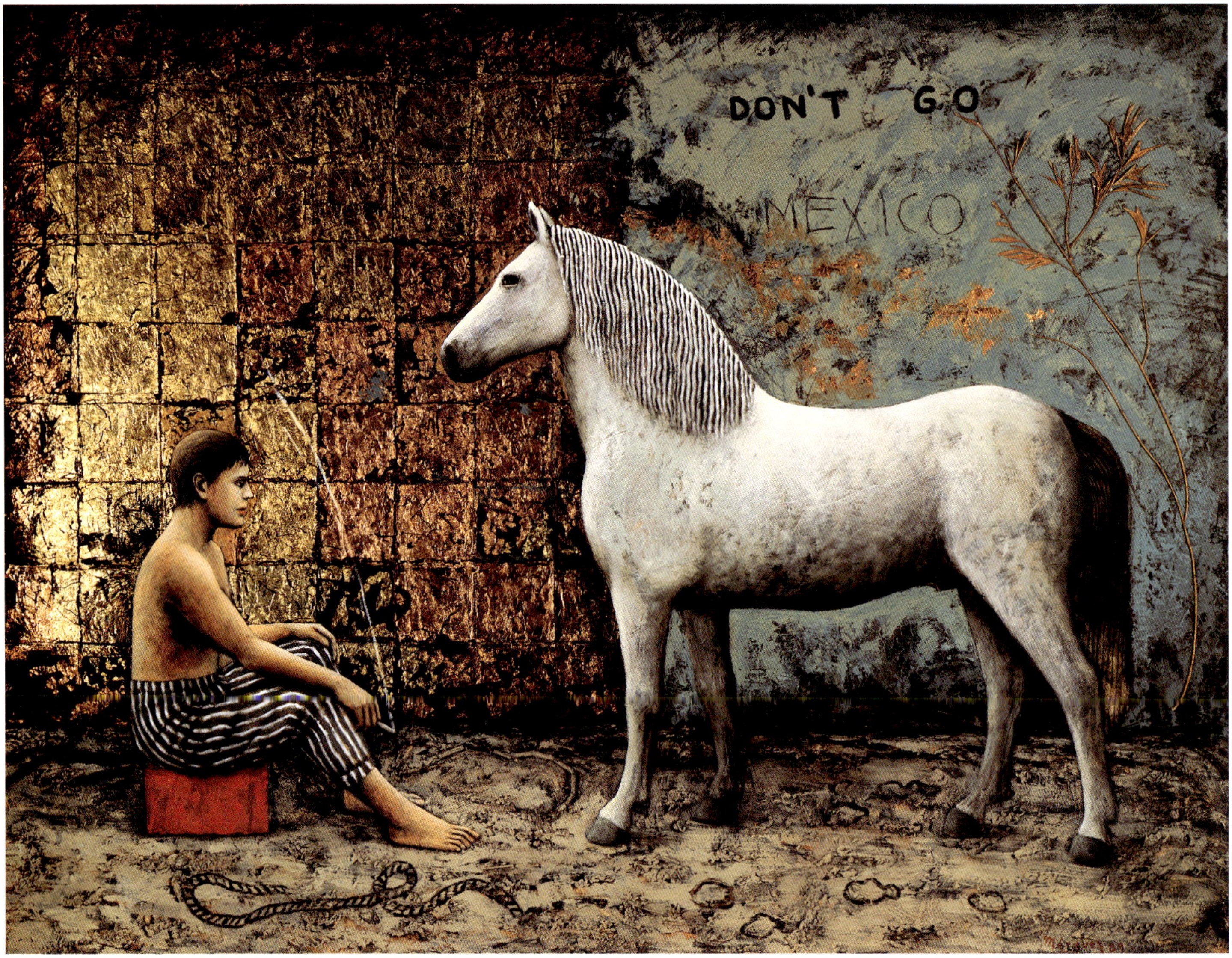

21. EL NOSTALGICO 1989
Homesick
mixed media on canvas 60"x78"
Mr. & Mrs. Richard Lehman, Arizona

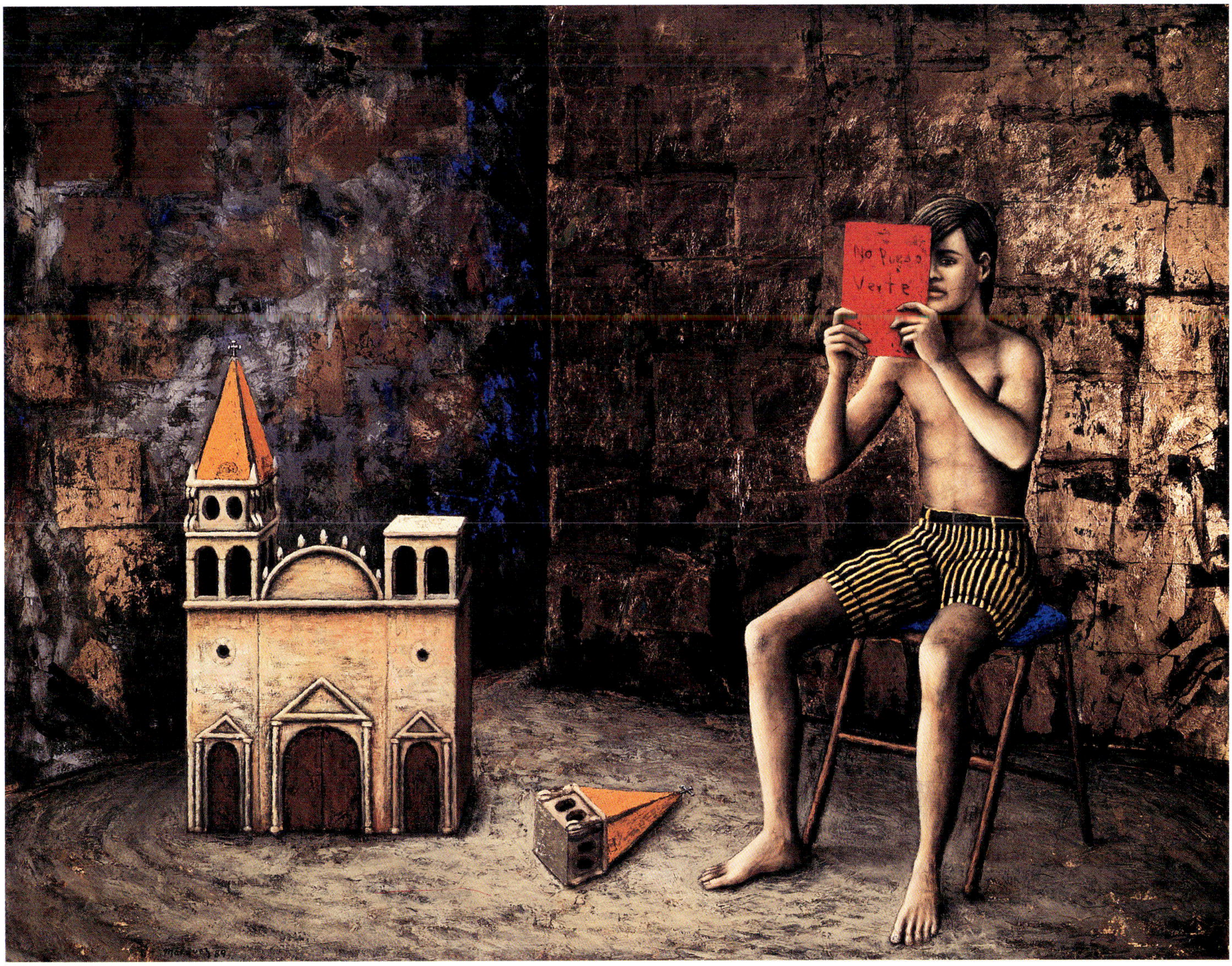

22. NO PUEDO VERTE 1989

I Can't See You

mixed media on canvas 60"x78"

Mr. & Mrs. James Otlet, Arizona

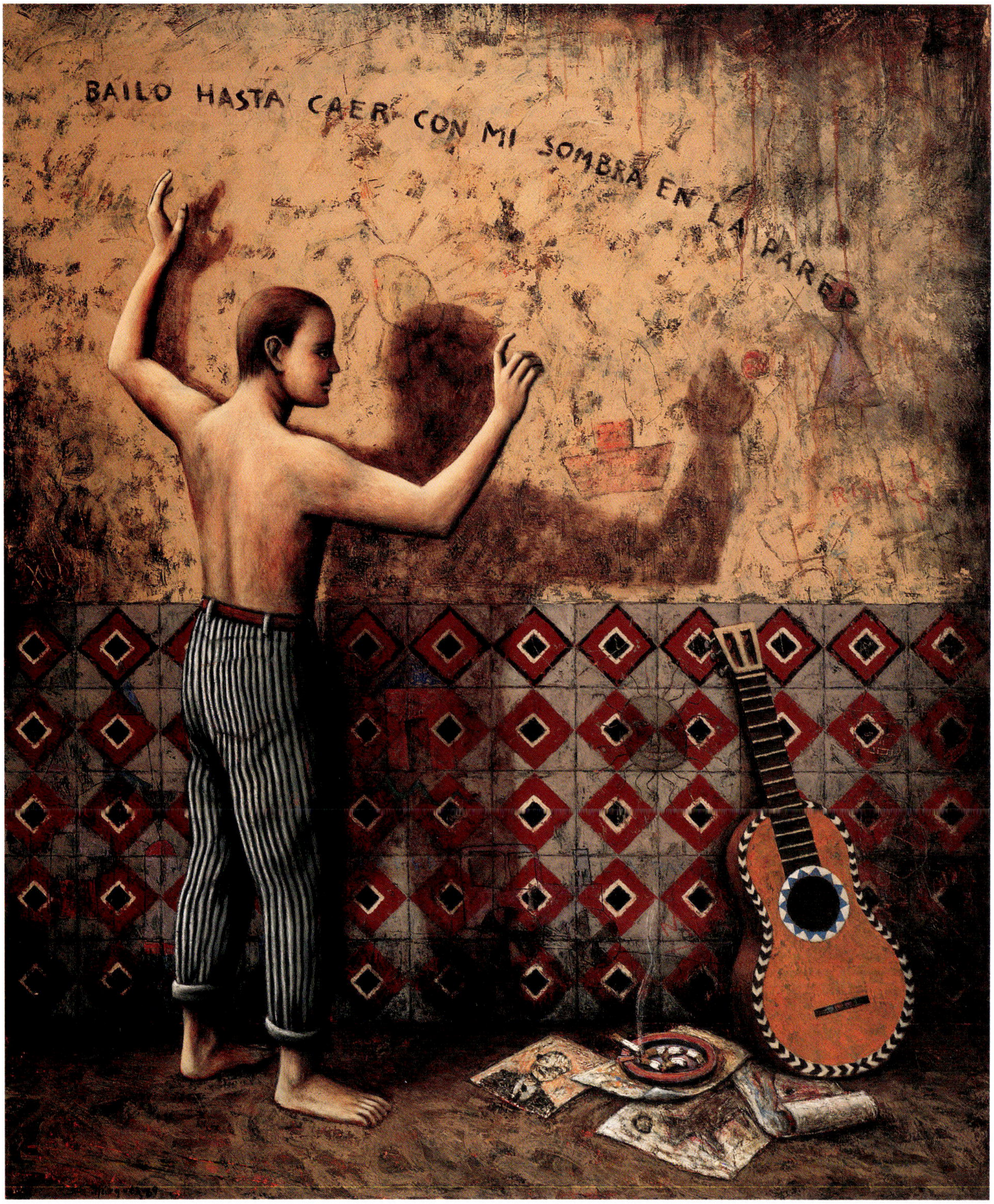

23. BAILANDO CON MI SOMBRA 1989
Dancing With My Shadow
oil on canvas 72″x60″
Mr. Richard Einaugler, New Jersey

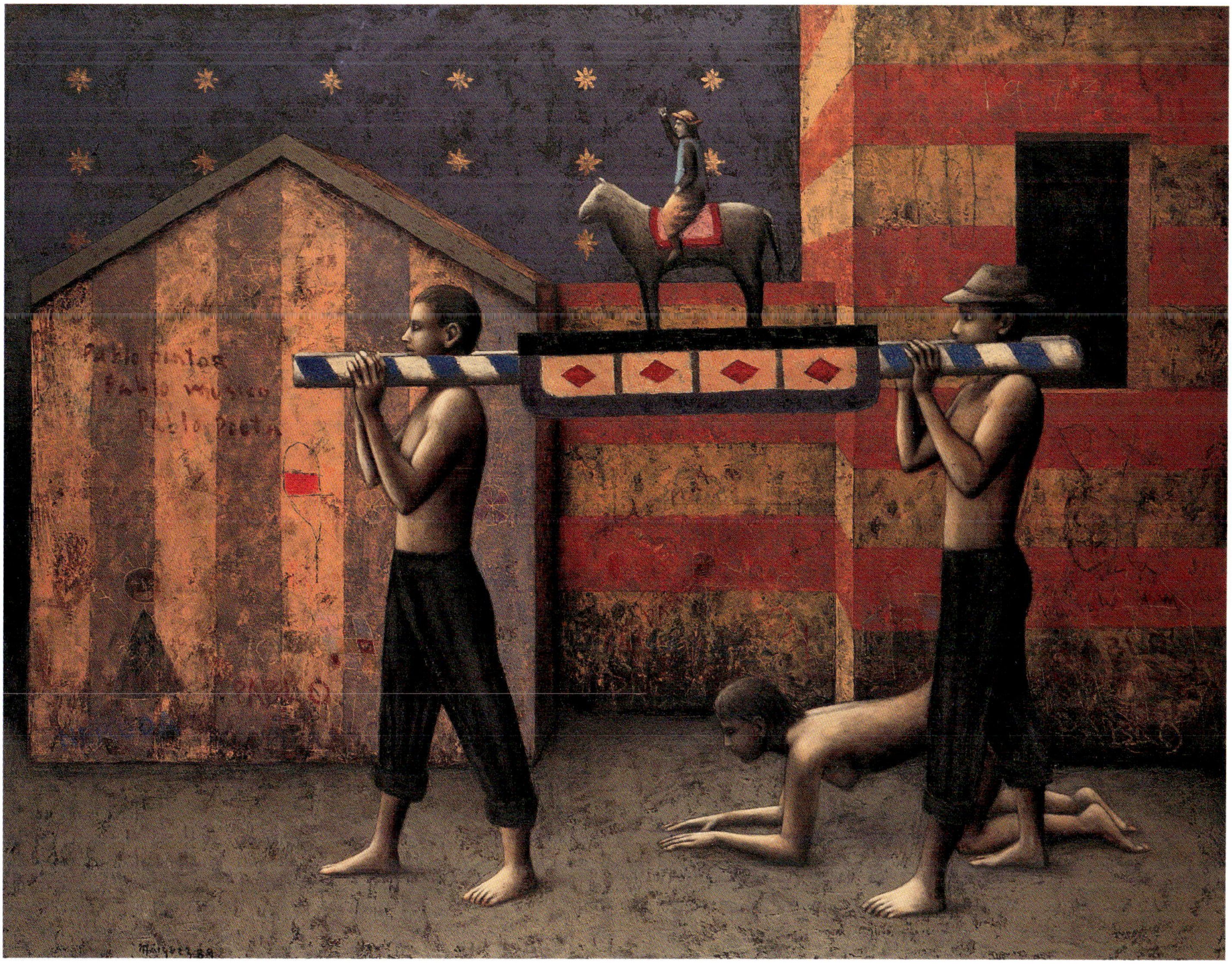

24. LA BALADA DE LOS TRES PABLOS — 1989
Ballad of the Three Pablos
oil on canvas — 60"x78"
Beth Cohen, Arizona

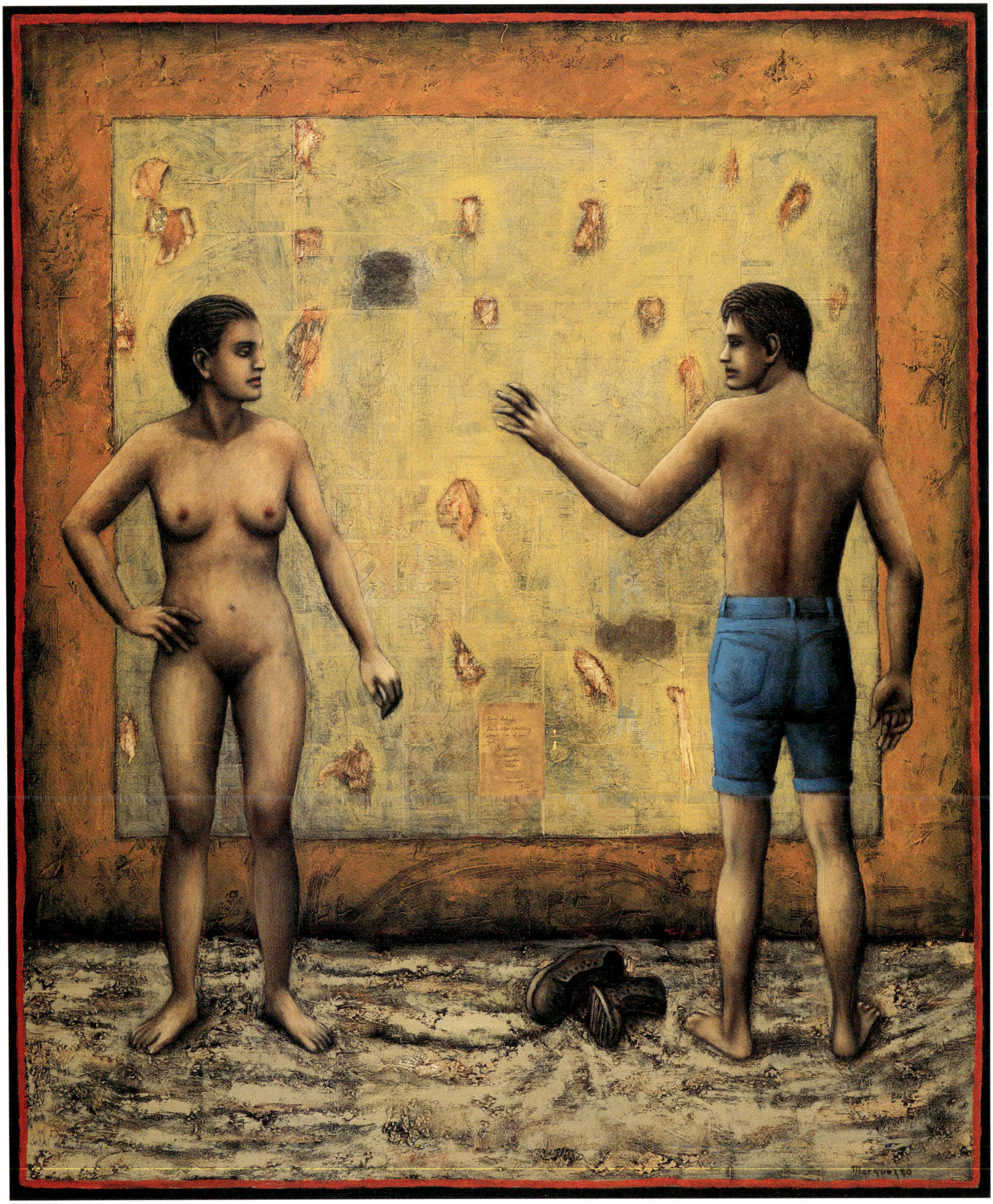

25. NE TE VAYAS 1990
Don't Leave
mixed media on canvas 72"x60"
Allene Lapides Gallery, Santa Fe, N.M.

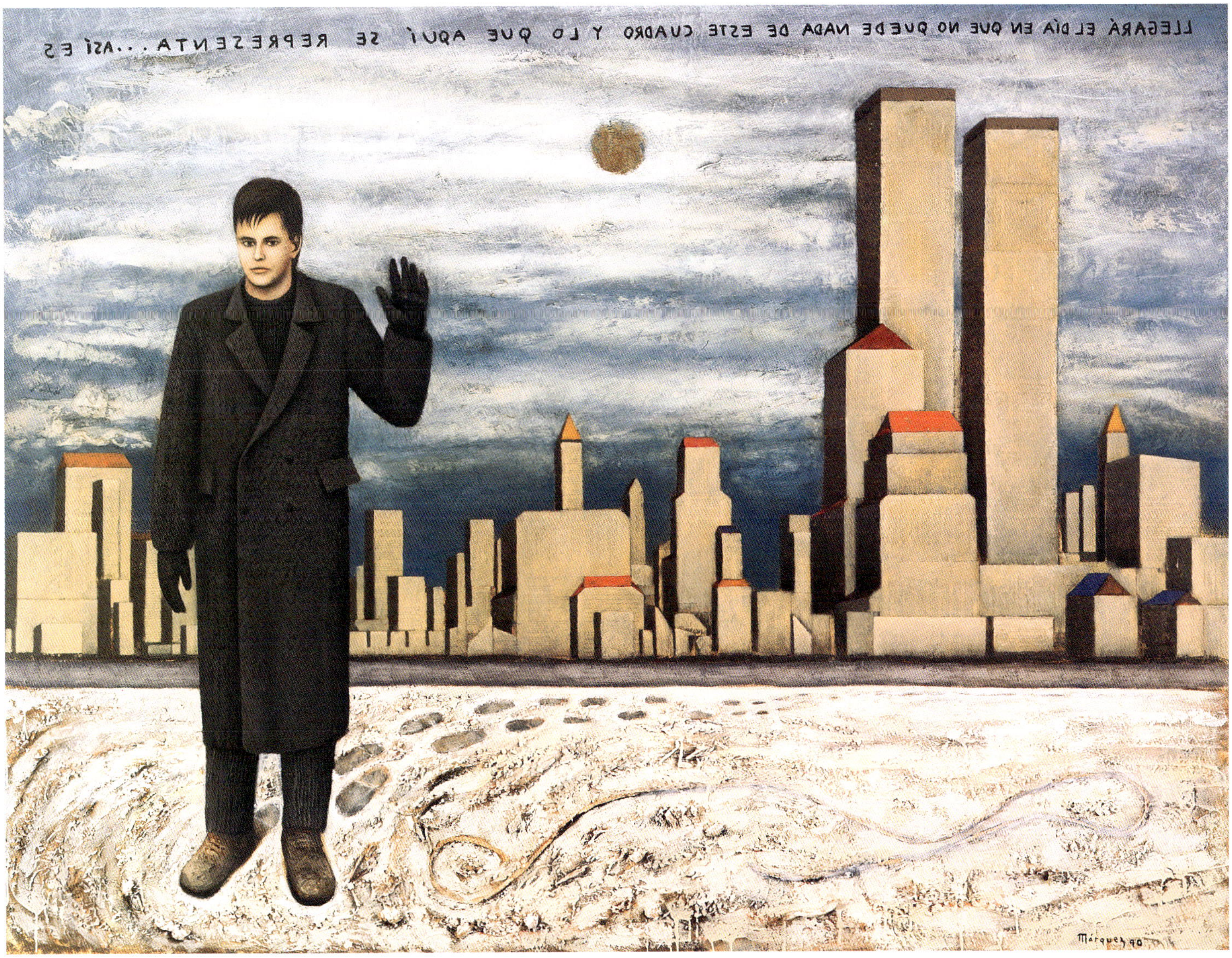

26. AUGURIO 1990
Augury
mixed media on canvas 60"x78"
Private Collection

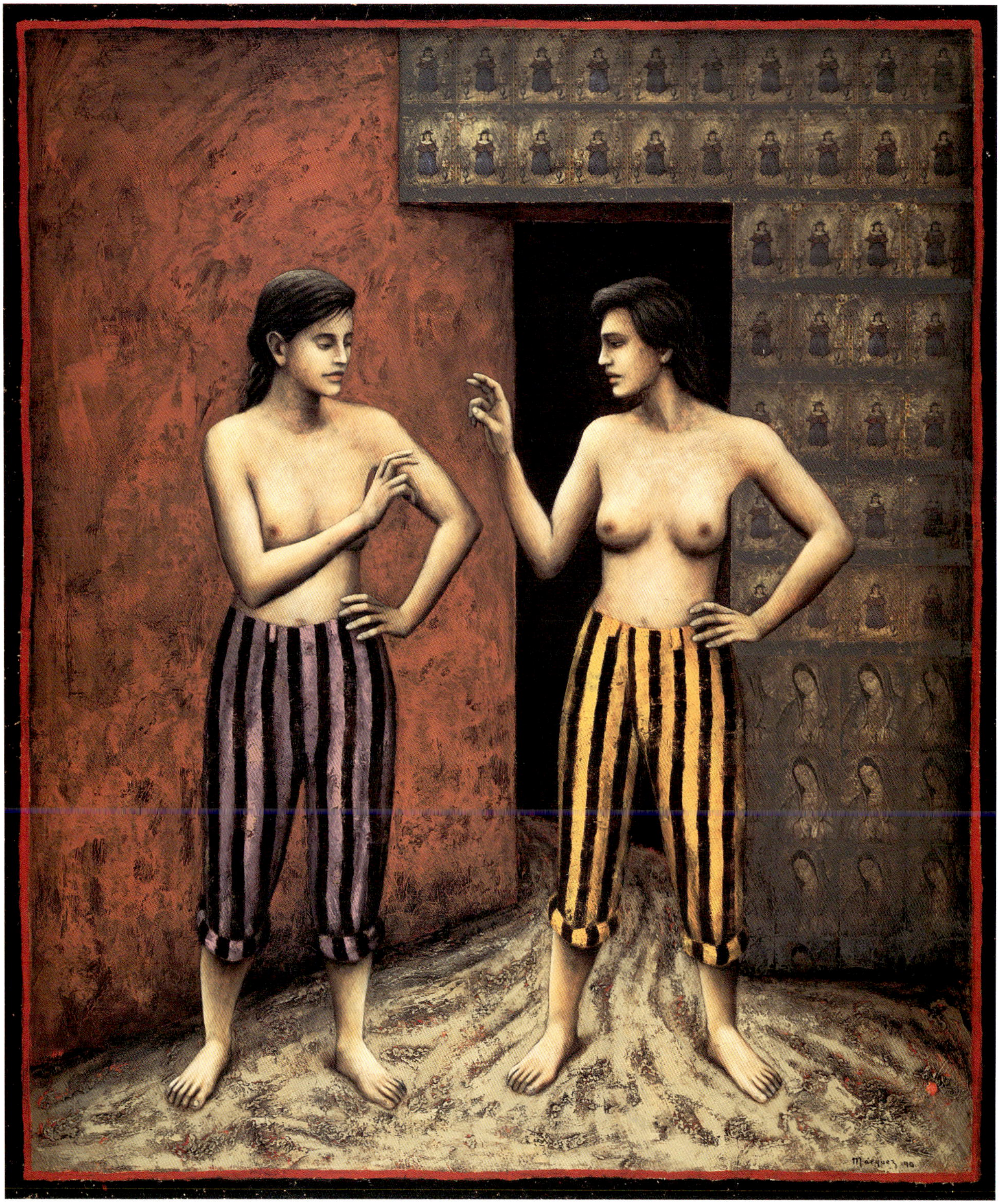

27. PARA NO PERDERTE ME PARECERE A TI 1990
I Will Become Like You So I Won't Lose You
mixed media on canvas 72″x60″
Mr. & Mrs. Michael Marcellino-Campbell, Arizona

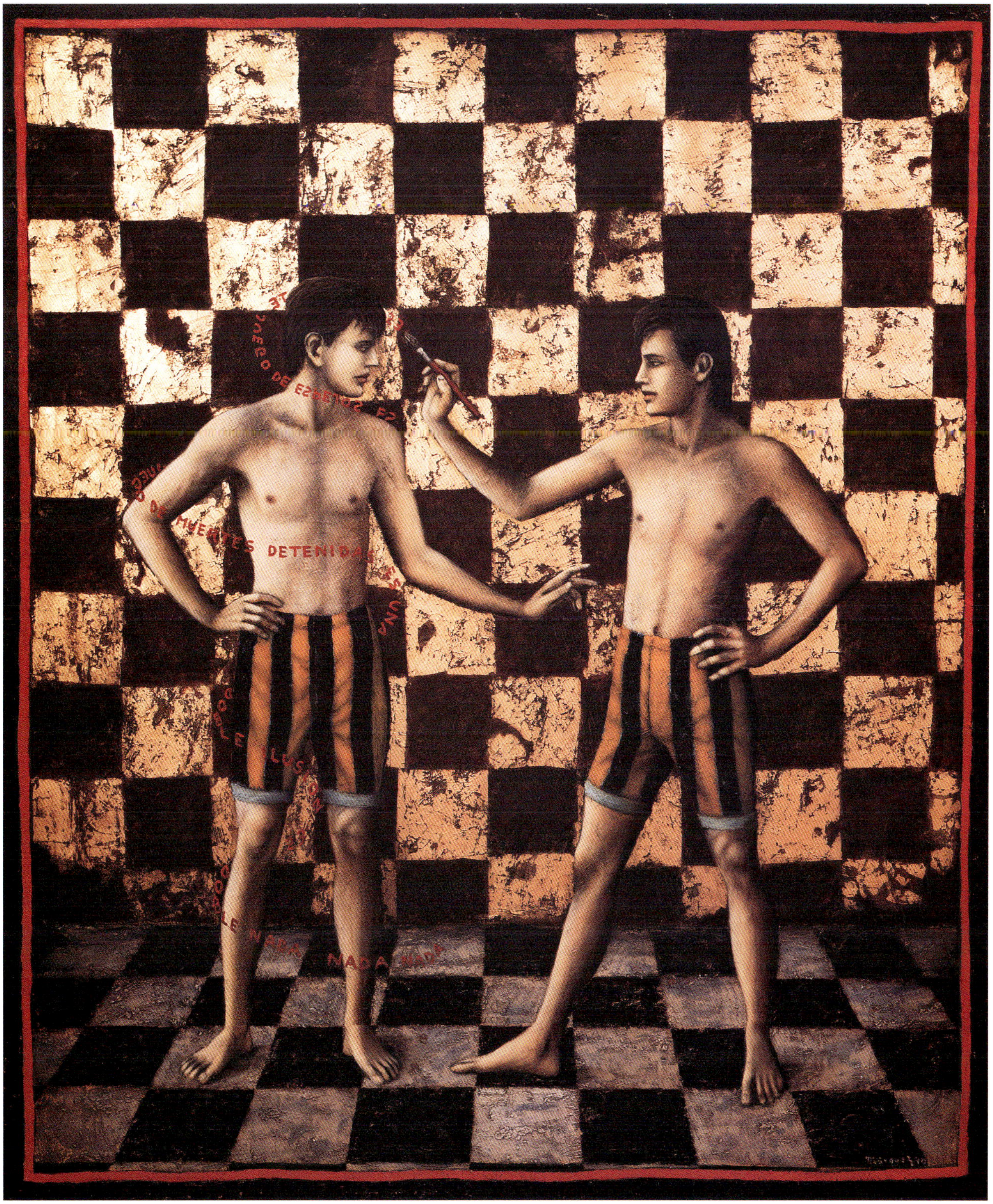

28. EL GOLEM II — 1990
The Golem II
mixed media on canvas — 72"x60"
Collection of the Artist

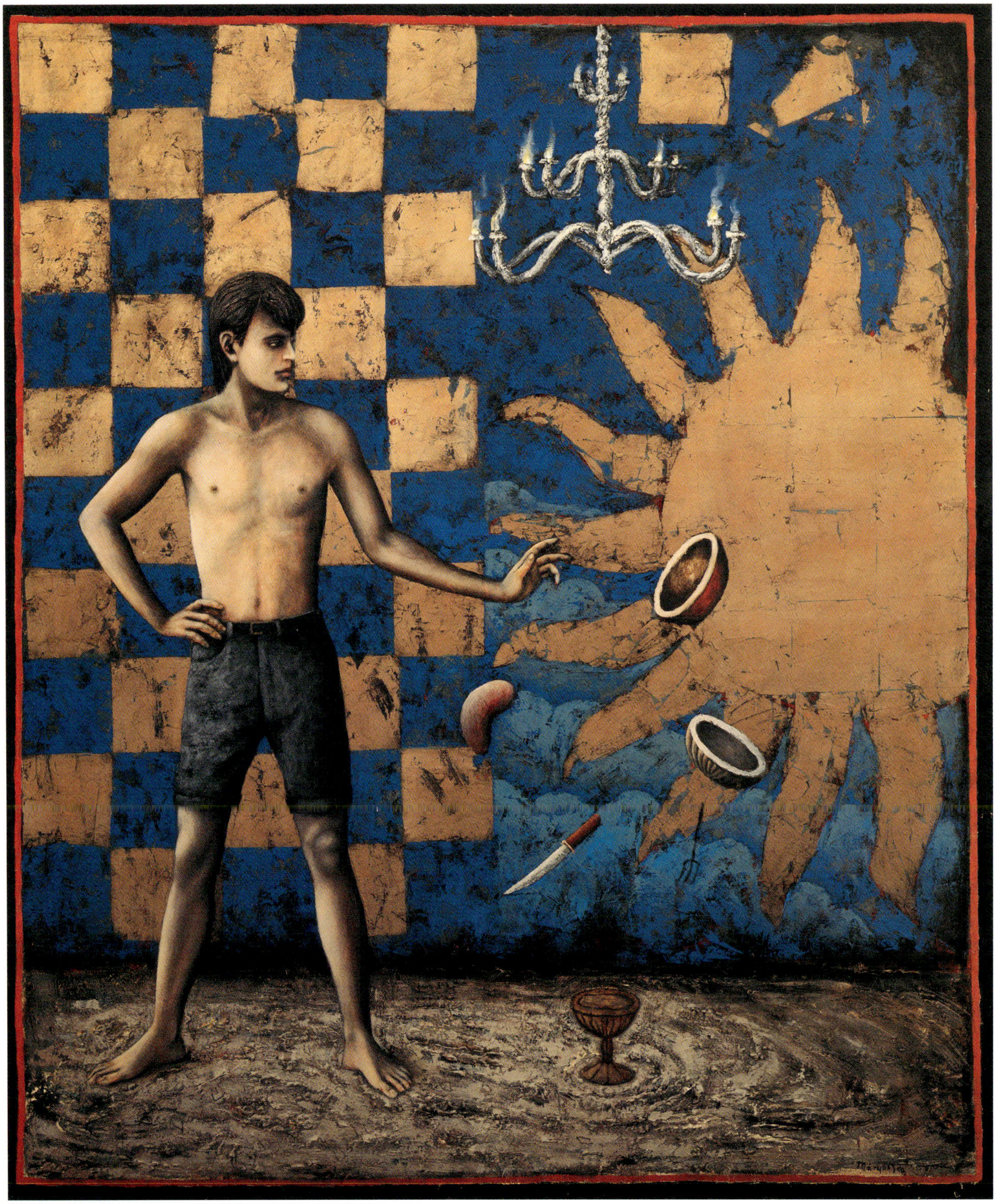

29. MAGIA MENOR III 1990
Minor Magic III
mixed media on canvas 72"x60"
Mr. Tom Wilson, New Mexico

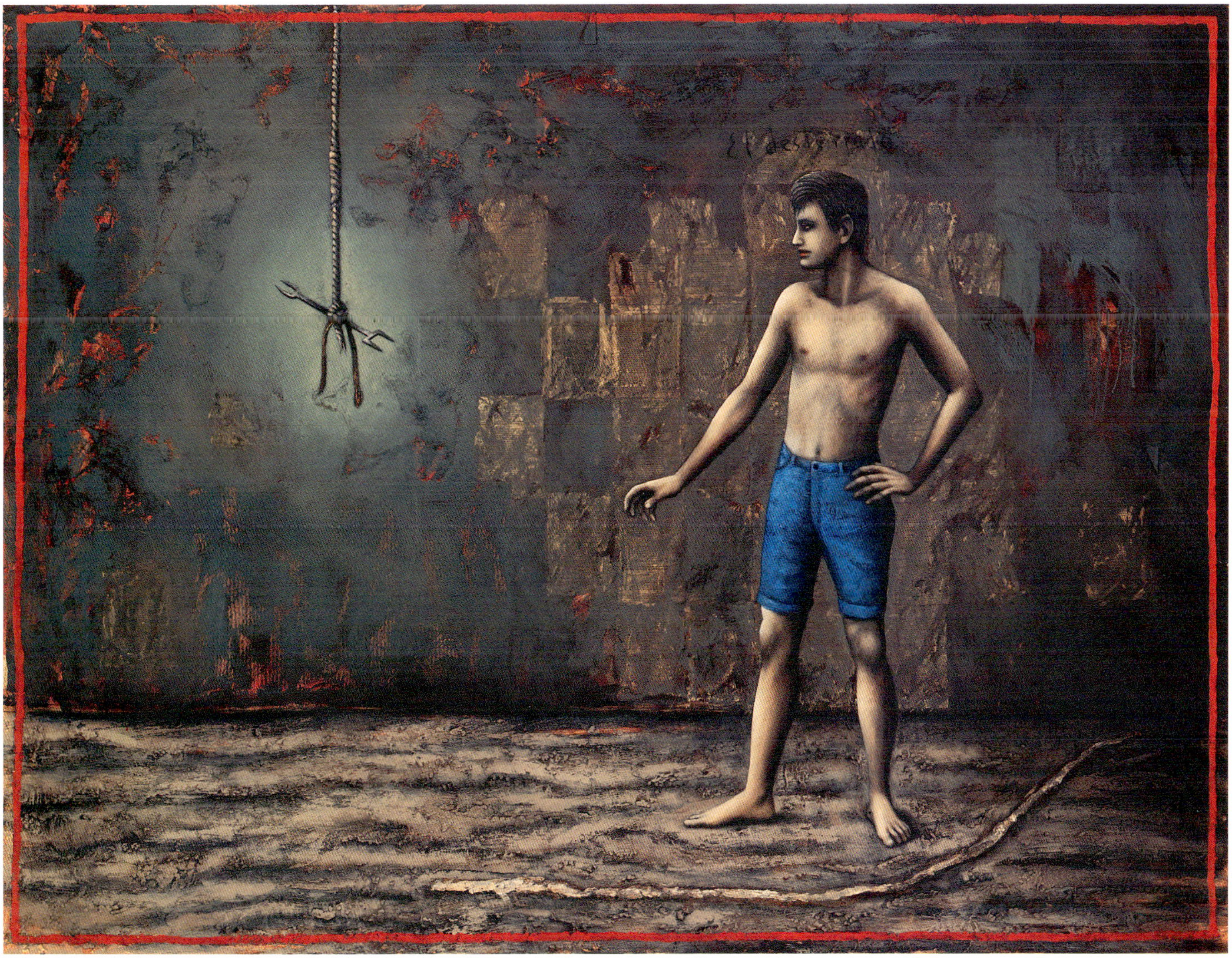

30. LA HORQUILLA DEL HEREJE 1990
The Heretic's Fork
mixed media on canvas 60"x78"
K. Cooney & R. Madlock, California

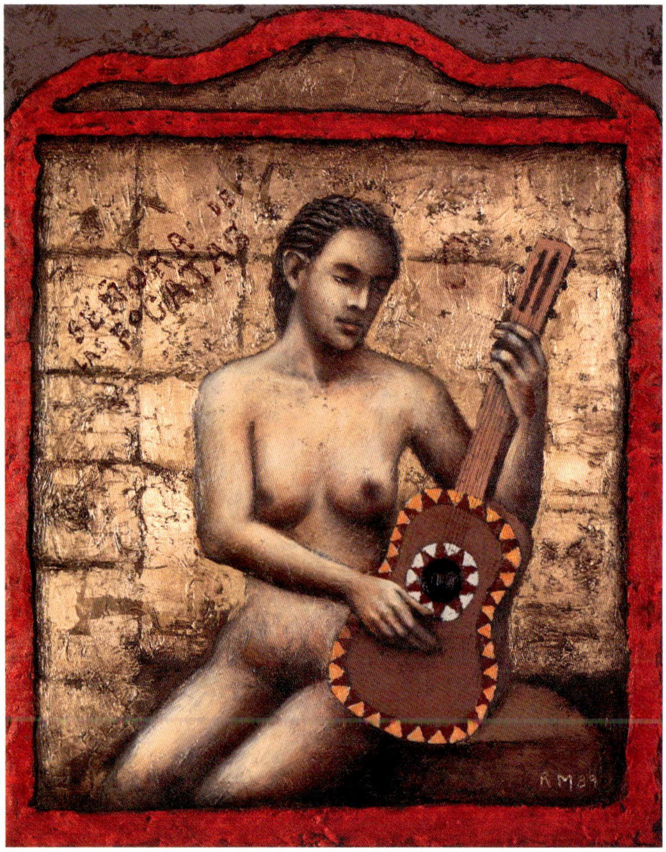

31. SEÑORA DE LAS FOGATAS 1990
Lady of the Bonfires
mixed media on canvas 20"x16"
Mr. & Mrs. Mel Ritter, Arizona

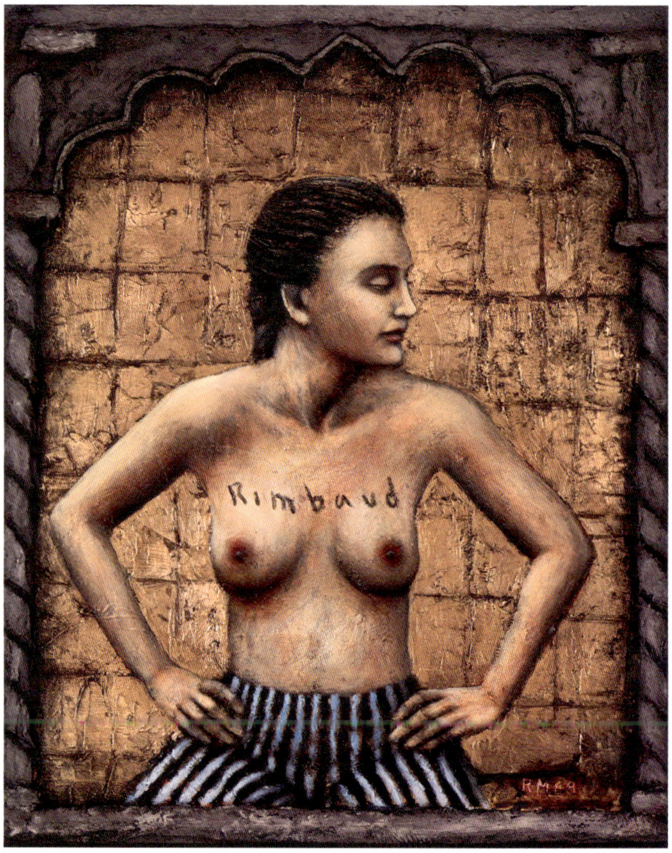

32. RIMBAUD EN EL PECHO 1990
Rimbaud on the Chest
mixed media on canvas 20"x16"
Mr. & Mrs. Roger Wolf, Pennsylvania

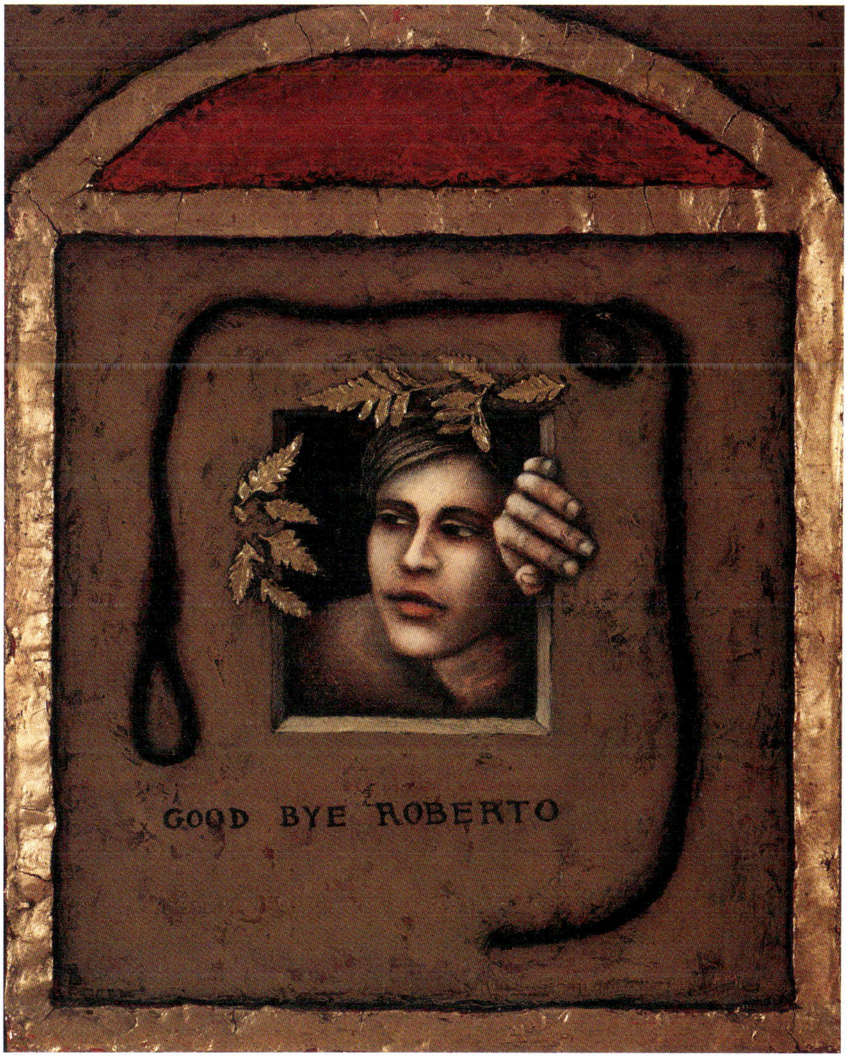

33. DESPEDIDA 1990
Farewell
mixed media on canvas 20"x16"
Dr. & Mrs. Robert McCullough, Washington

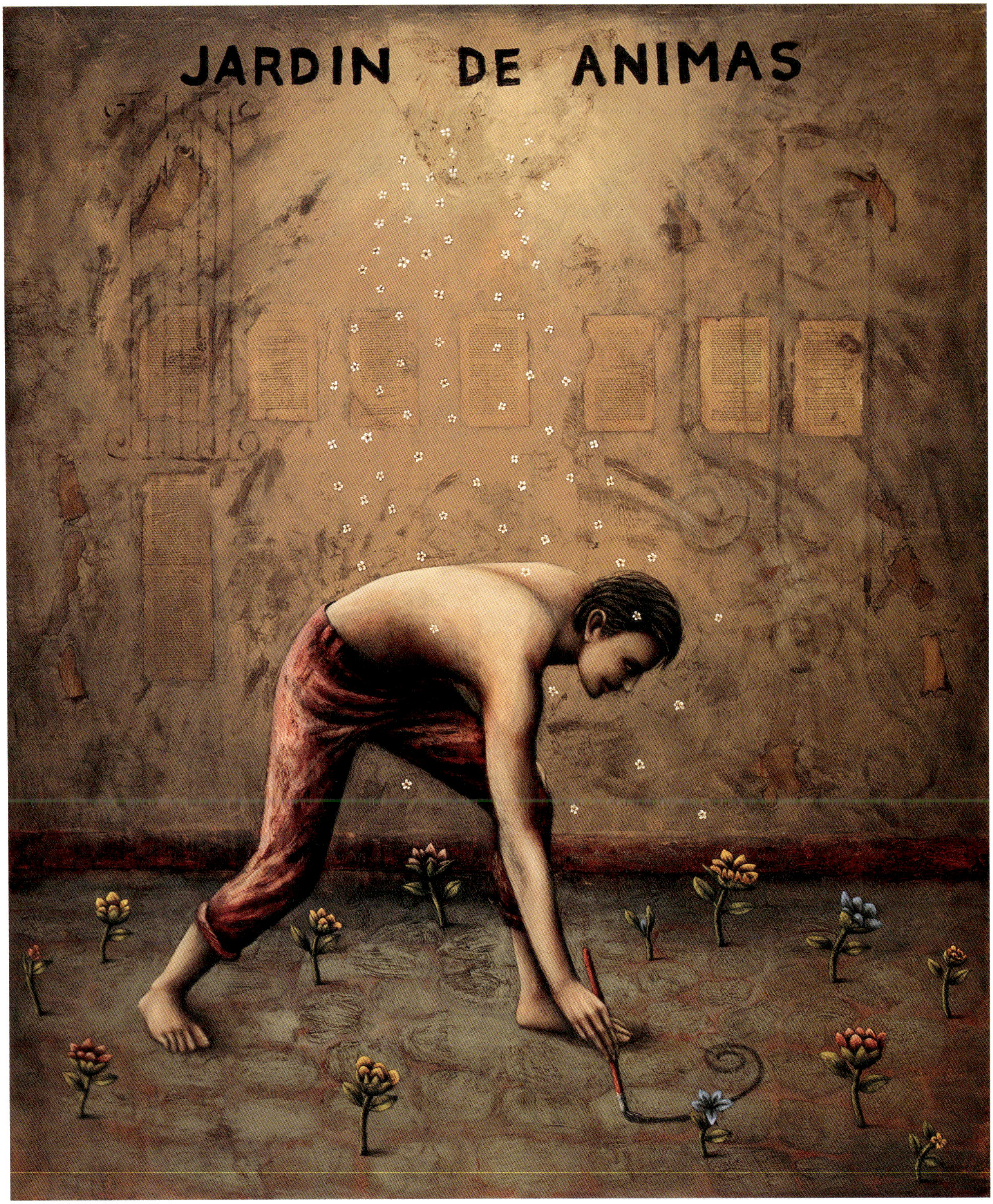

34. ESPIRAL ESPIRADA DE INANIDAD SONORA 1991
oil on canvas 72"x60"
Maria Helena Ramirez, Florida

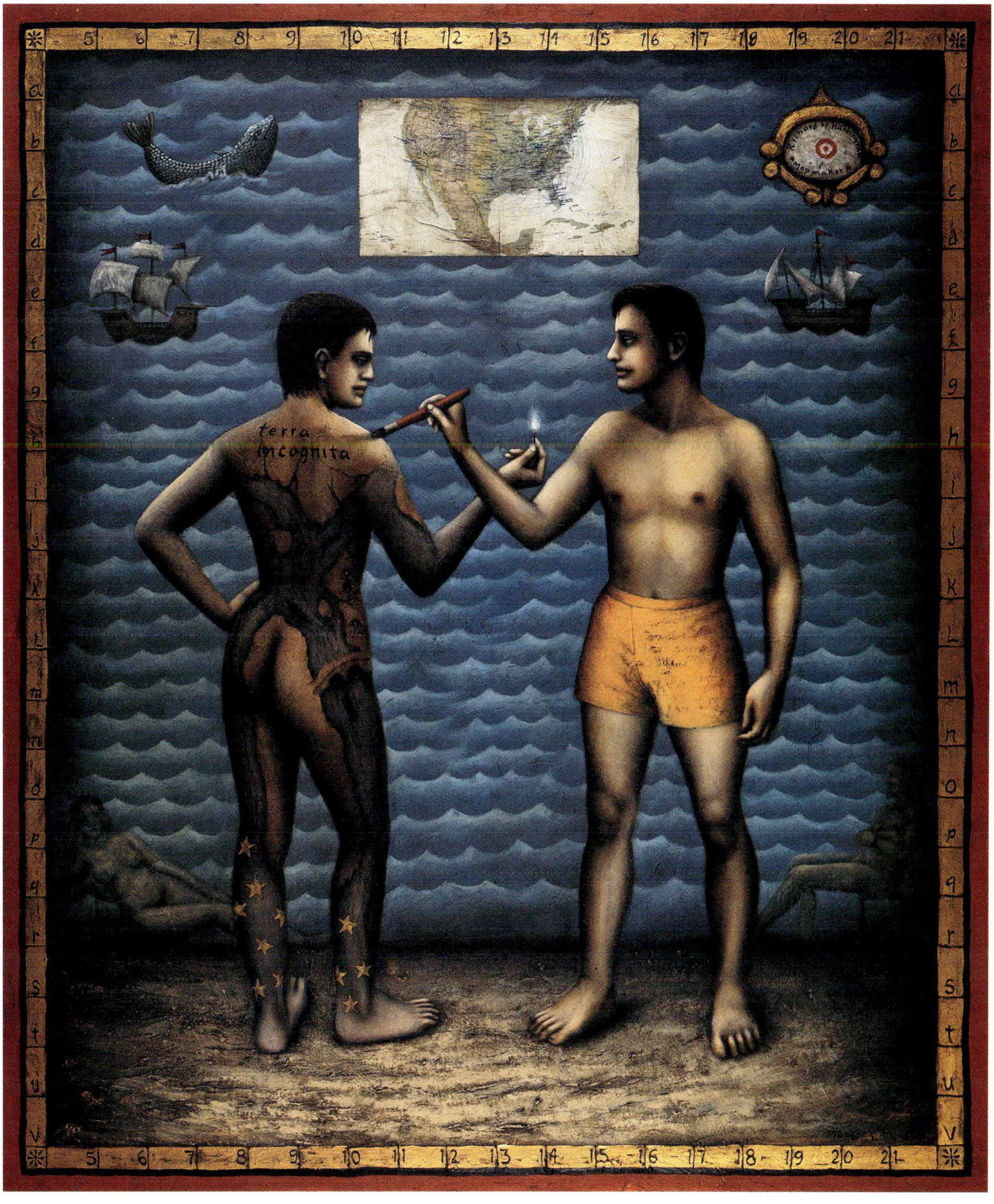

35. RICHARD DE HALDINGHAM, CARTOGRAFO 1991
Richard of Haldingham, Mapmaker
oil on canvas 72"x60"
Mr. & Mrs. Ray Thurston, Arizona

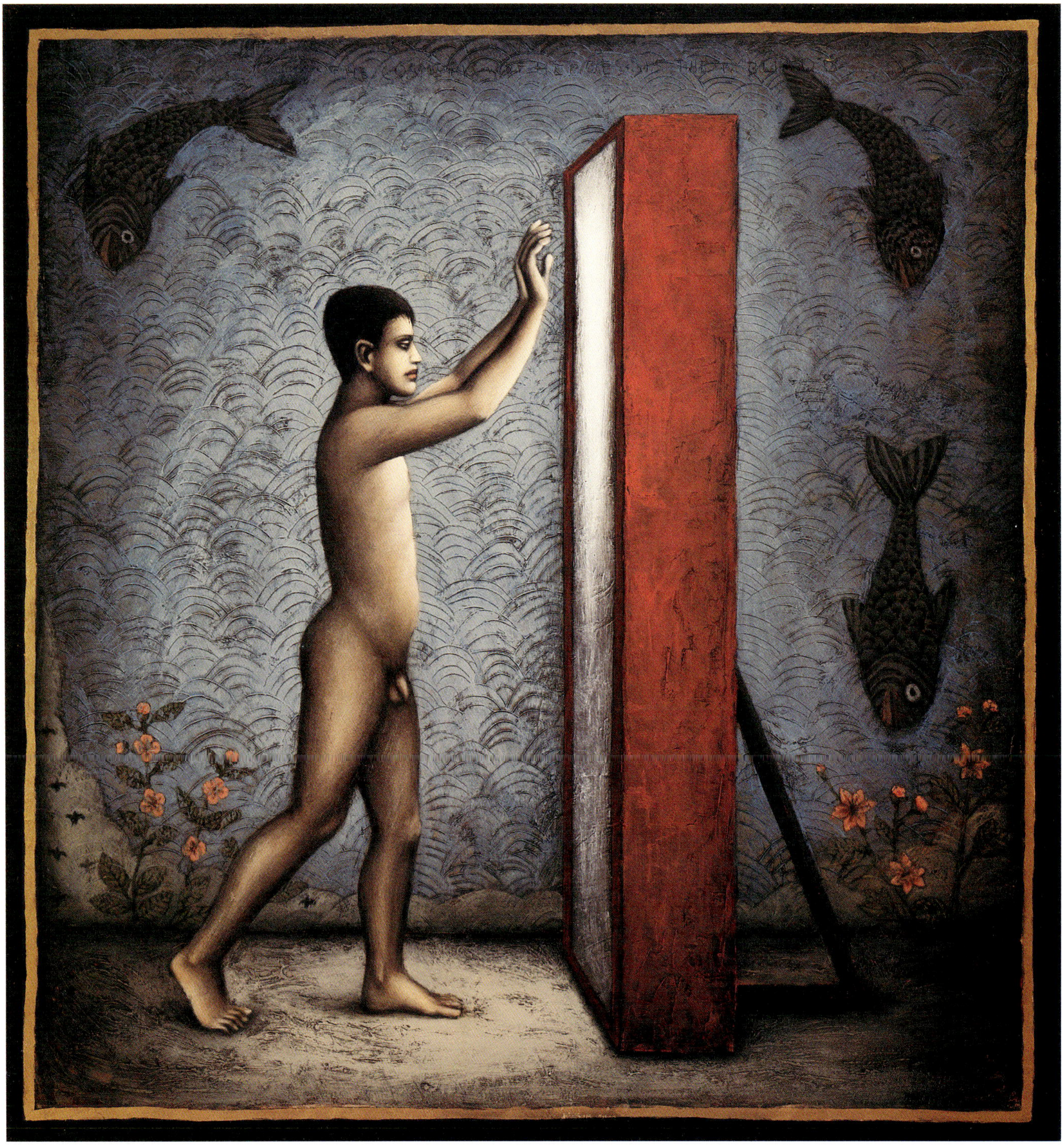

36. LA PASION DE AL-HALLAJ 1991
The Passion of Al-Hallaj
oil on canvas 60.5"x56"
Mr. & Mrs. Joseph Kirk, Virginia

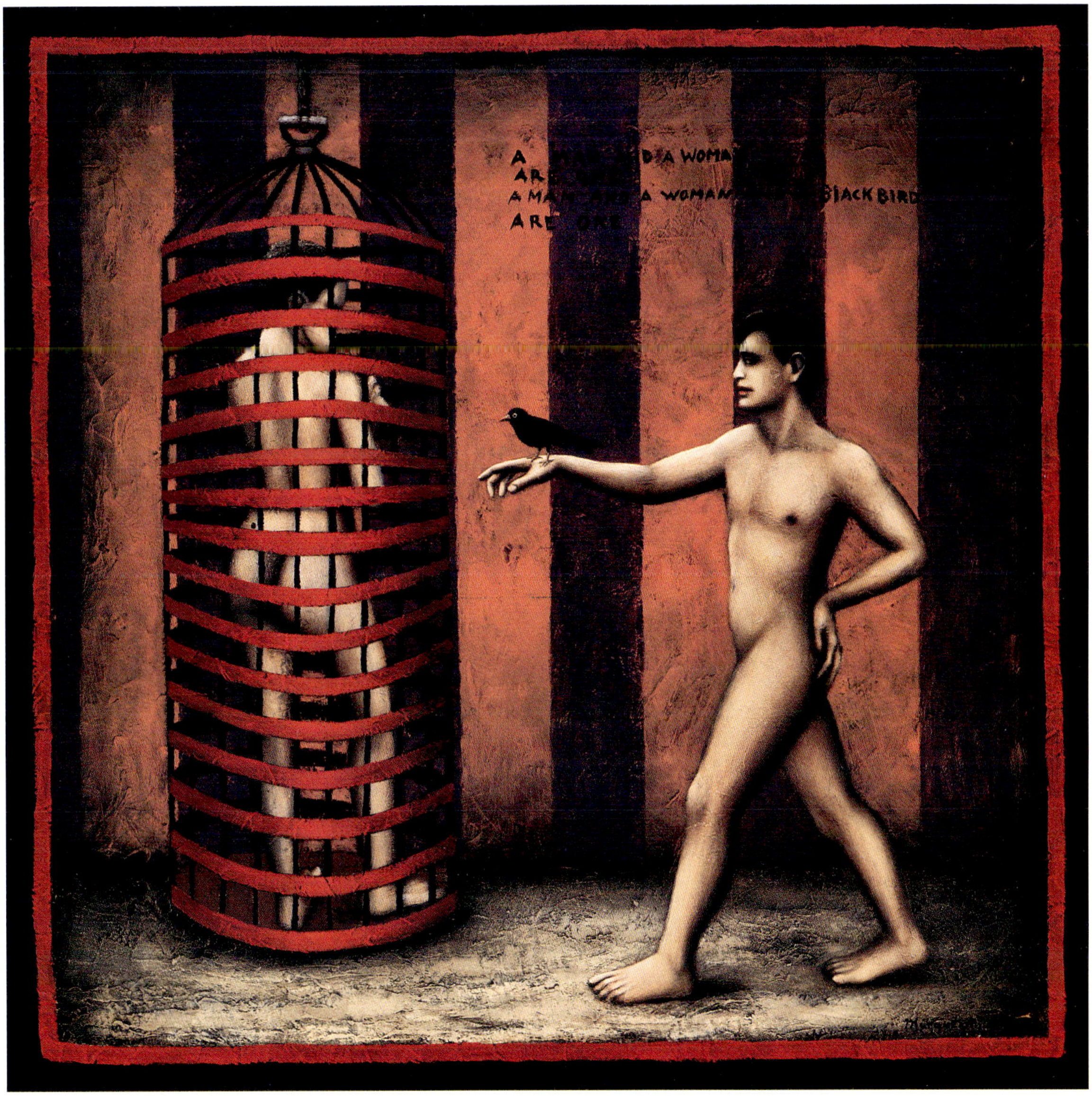

37. TORQUEMADA 1991
oil on canvas 48″x48″
Mr. George Freeman, California

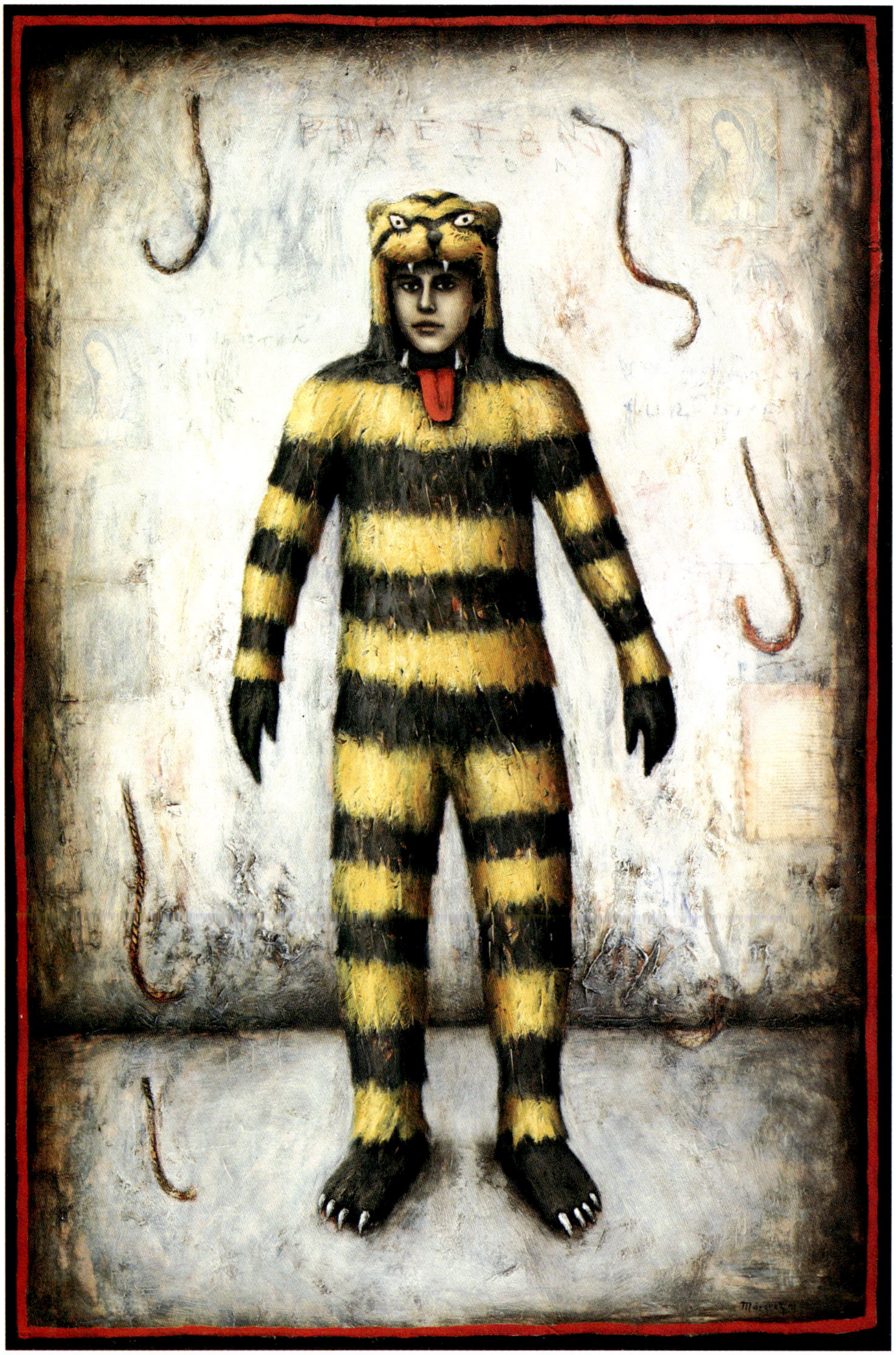

38. PODRIA LLAMARTE PHAETON 1991
Your Name Could Be Phaeton
mixed media on canvas 60"x40"
Mr. Luis Calzadilla, Florida

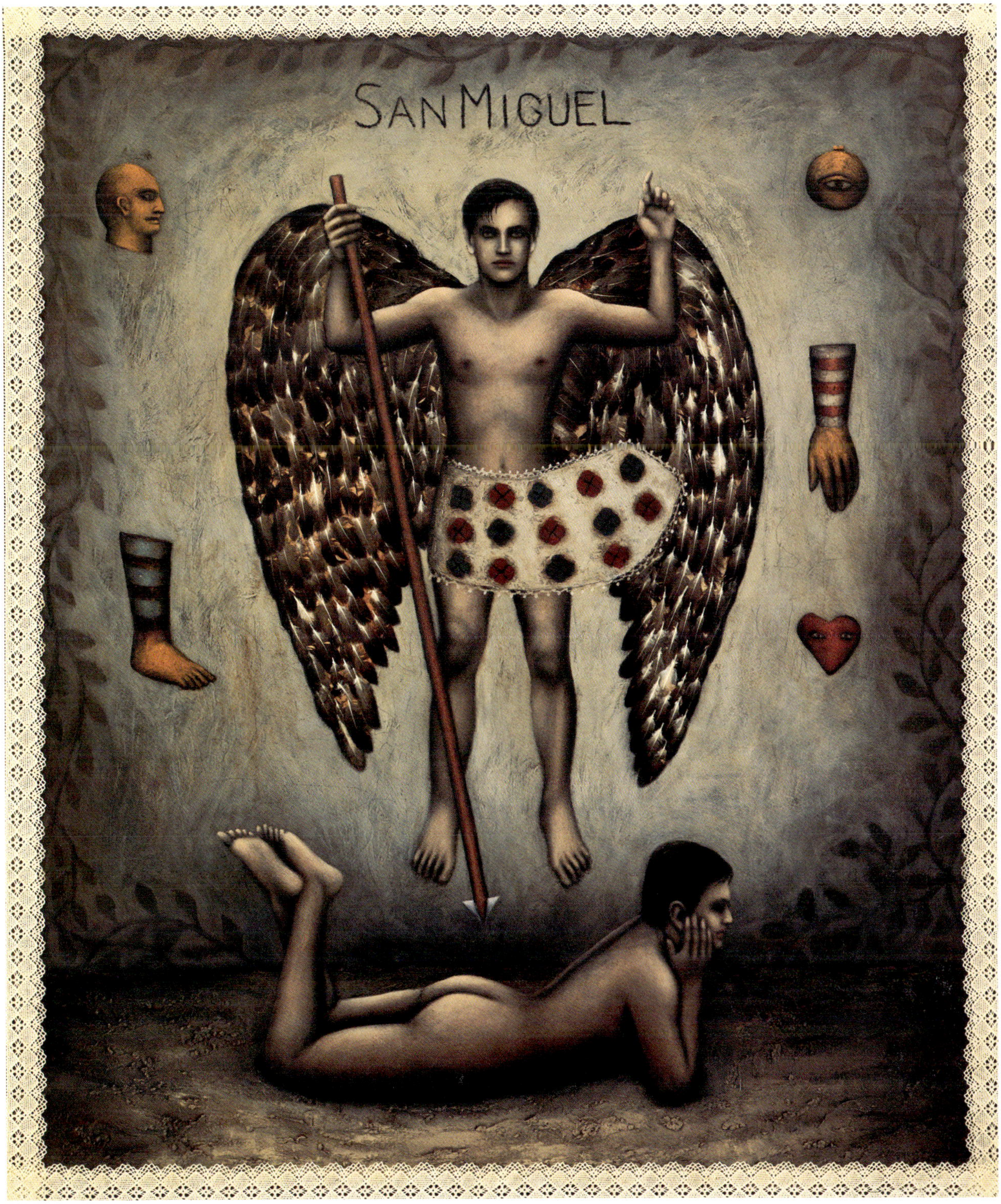

39. SAN MIGUEL, SUPUESTO ARCANGEL 1991
Saint Michael, Presumed Archangel
mixed media on canvas 72"x60"
Private Collection, Mexico
Courtesy Drexel Galeria, Monterrey

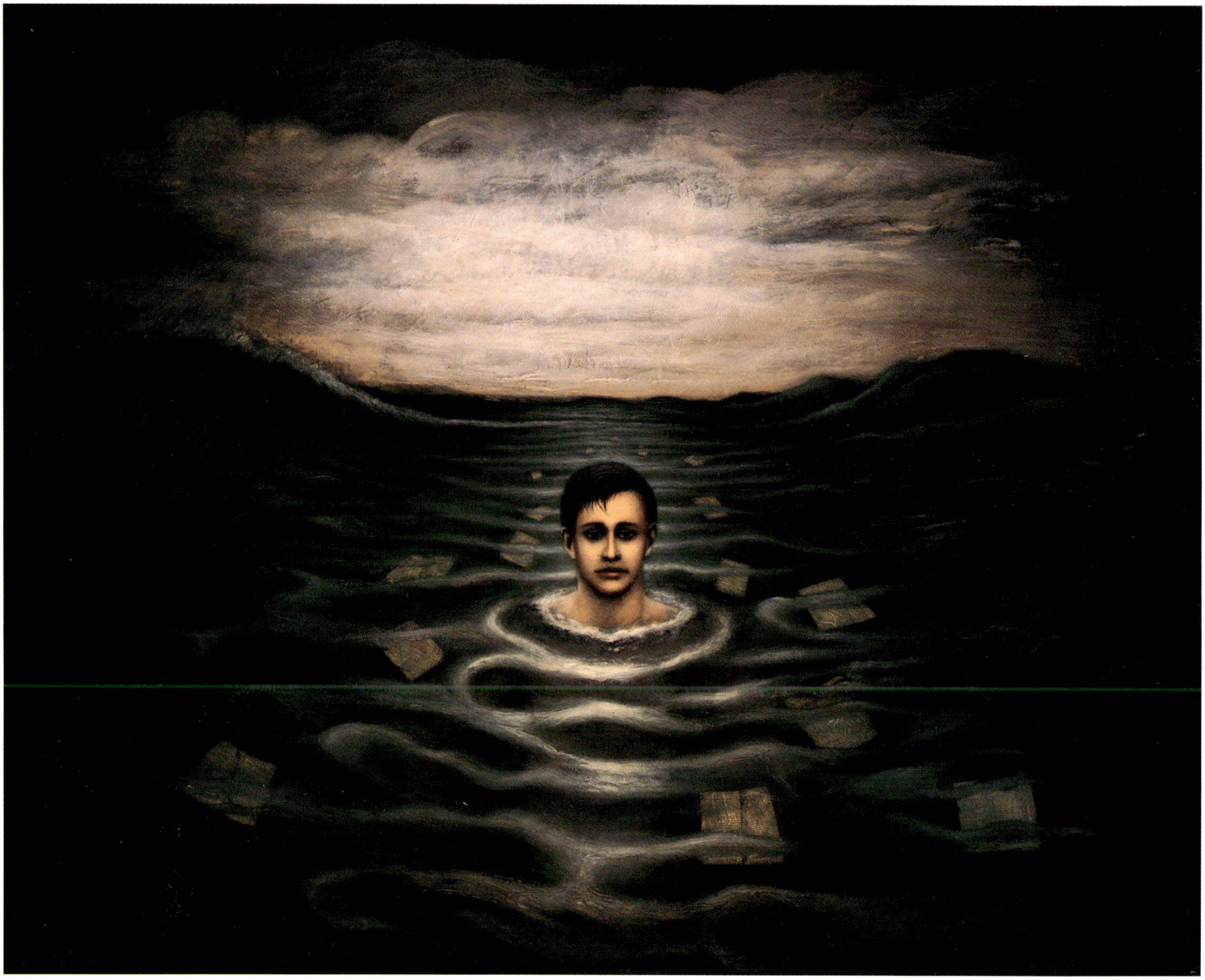

40. ¿DONDE ESTA AVALON? 1992
Where is Avalon?
oil on canvas 74"x91.5"
Mr. & Mrs. Bruce Taub, Arizona

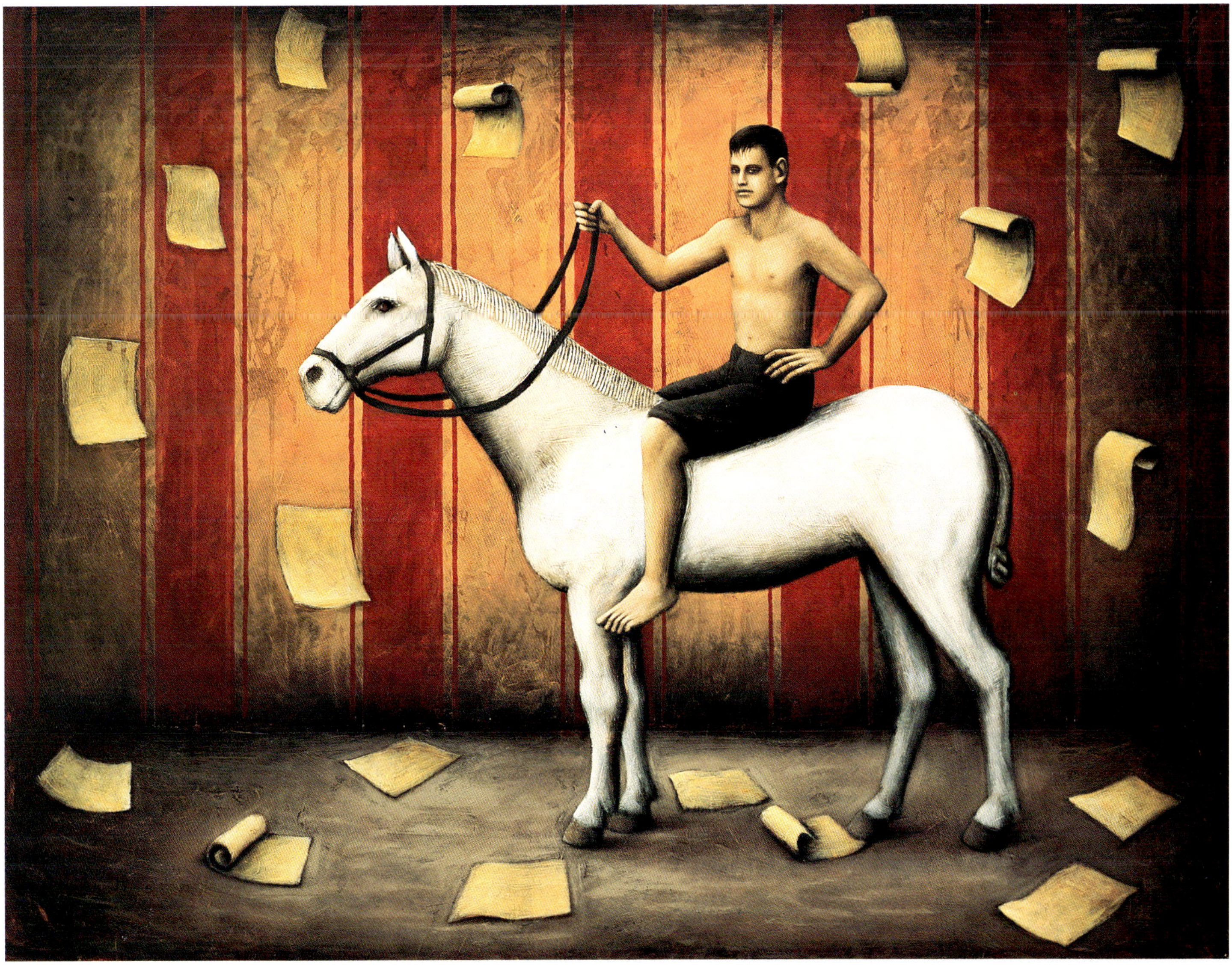

41.	BOLIVAR JOVEN	1992
	Young Bolivar	
	oil on canvas	60"x78"
	Mr. & Mrs. Greg Goodman, Texas	

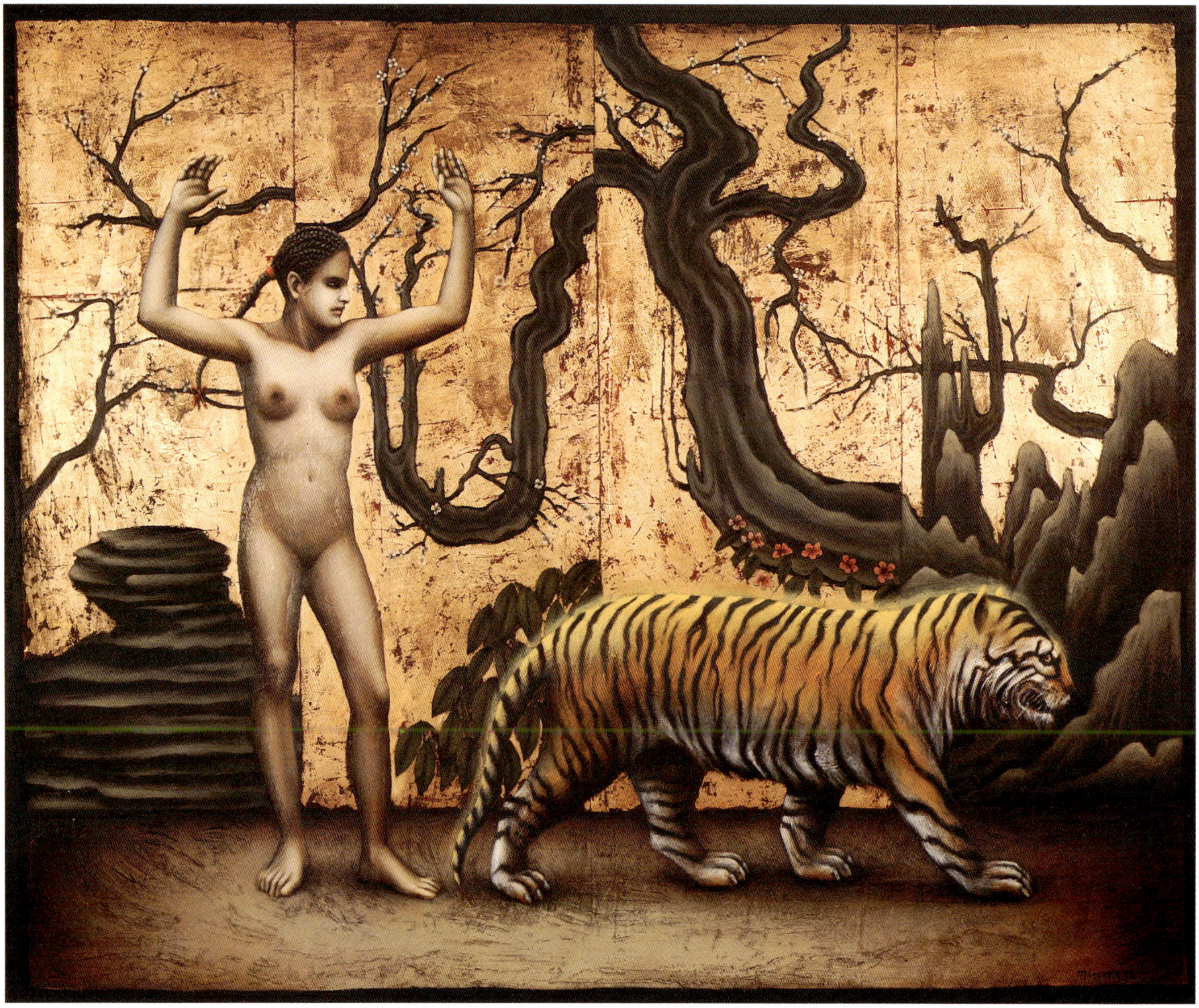

42. EL SUEÑO PERDIDO DE SHOEL, PINTOR DE TIGRES 1992
Lost Dream of Shoel, Painter of Tigers
mixed media on canvas 60"x72"
Dr. Michael McGarvey, New York

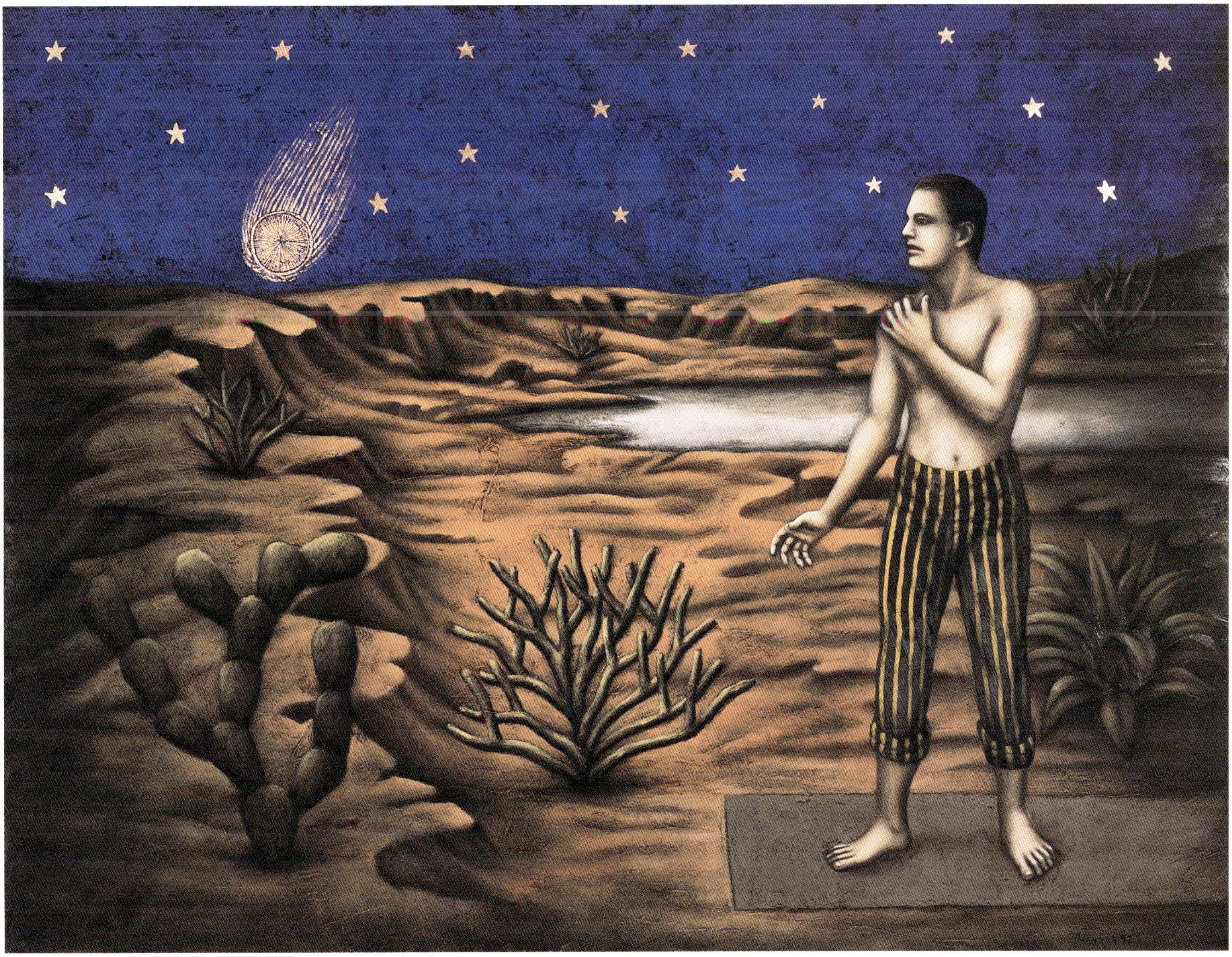

43. LA NOCHE DEL COMETA 1992
The Night of the Comet
oil on canvas 60"x78"
Galeria Fernando Quintana, Bogotá, Colombia

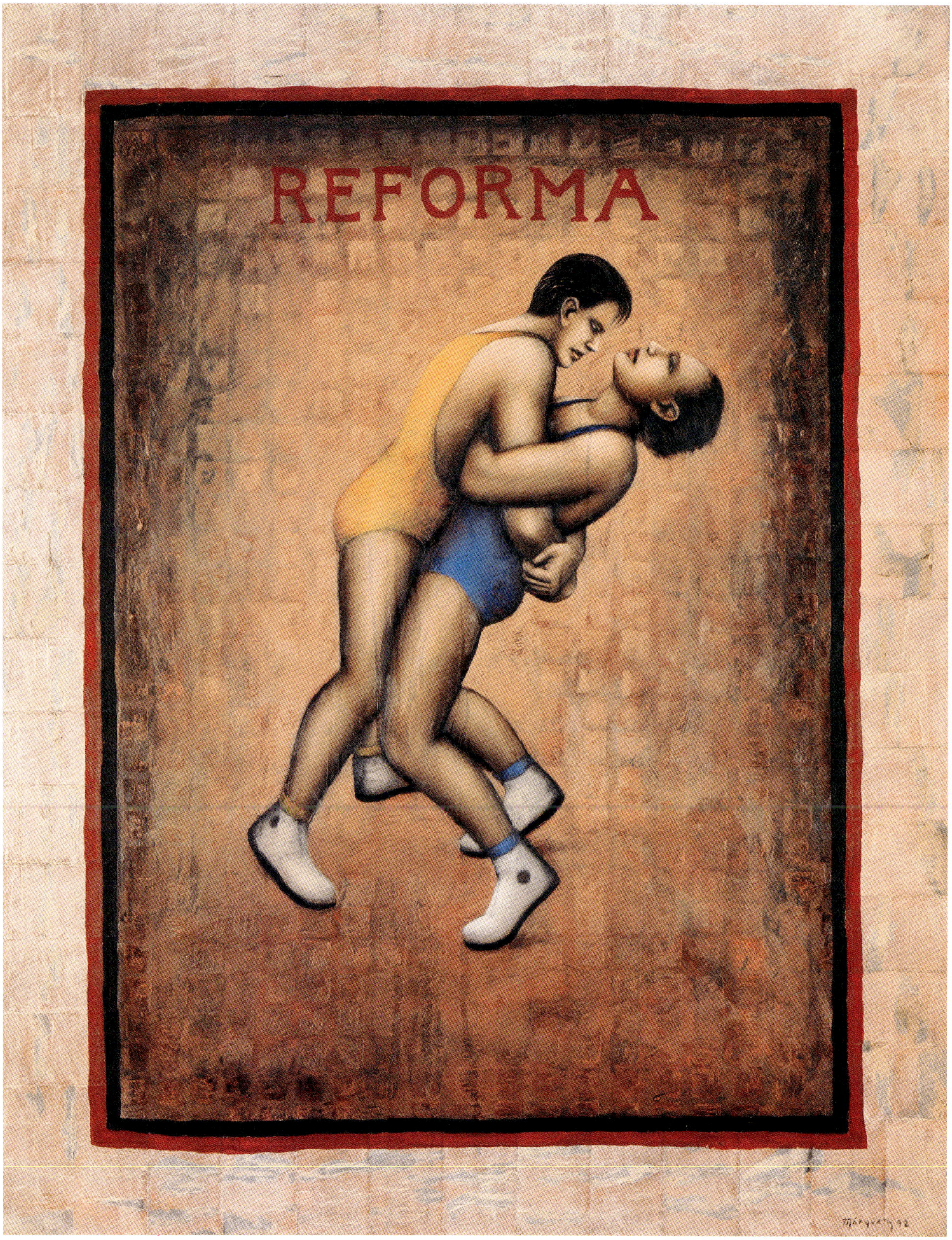

44. REFORMA 1992
The Reformation
mixed media on canvas 72″x60″
Mr. & Mrs. Bill Miller, New Mexico

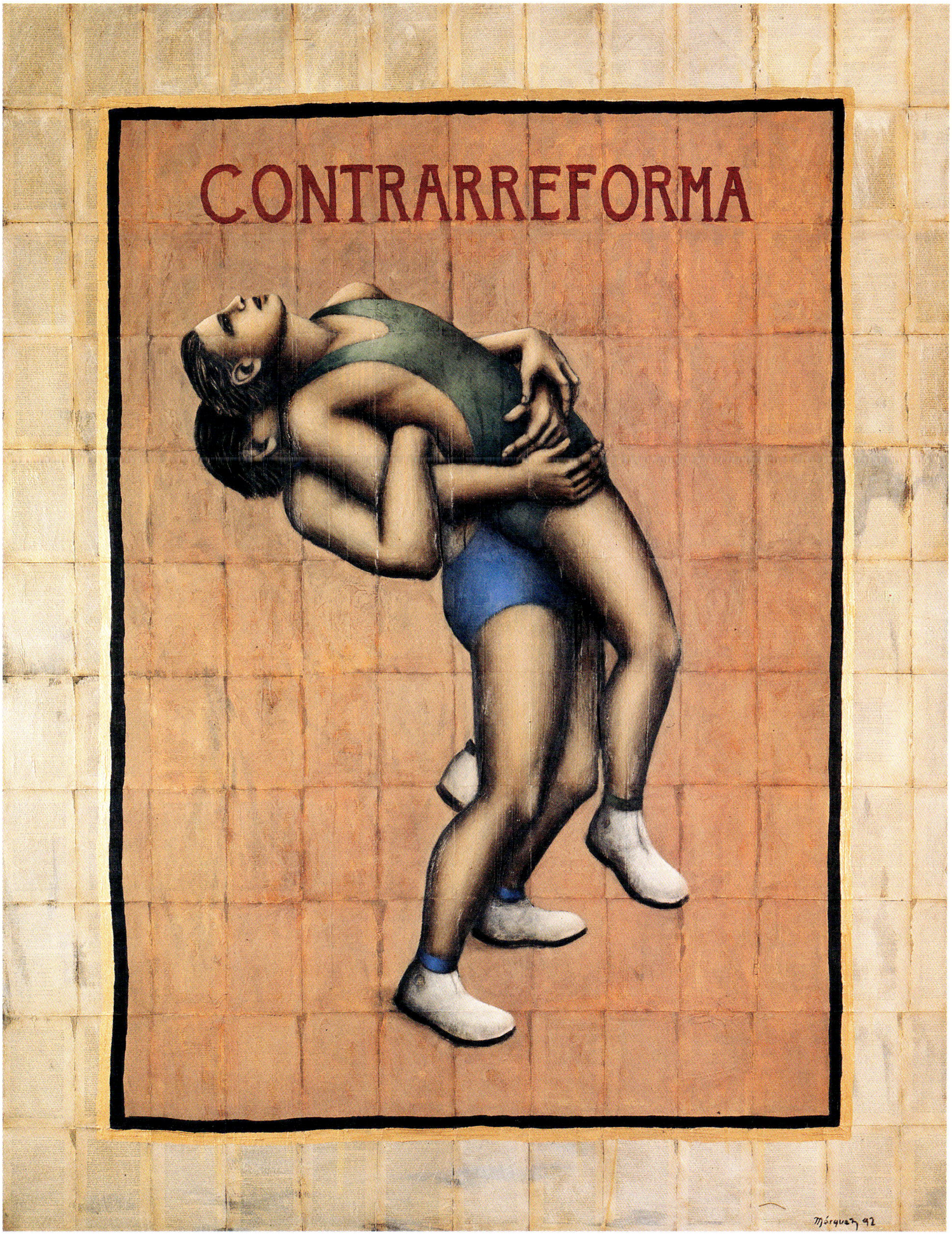

45. CONTRARREFORMA 1992
Counterreformation
mixed media on canvas 72"x60"
Mr. & Mrs. Bill Miller, New Mexico

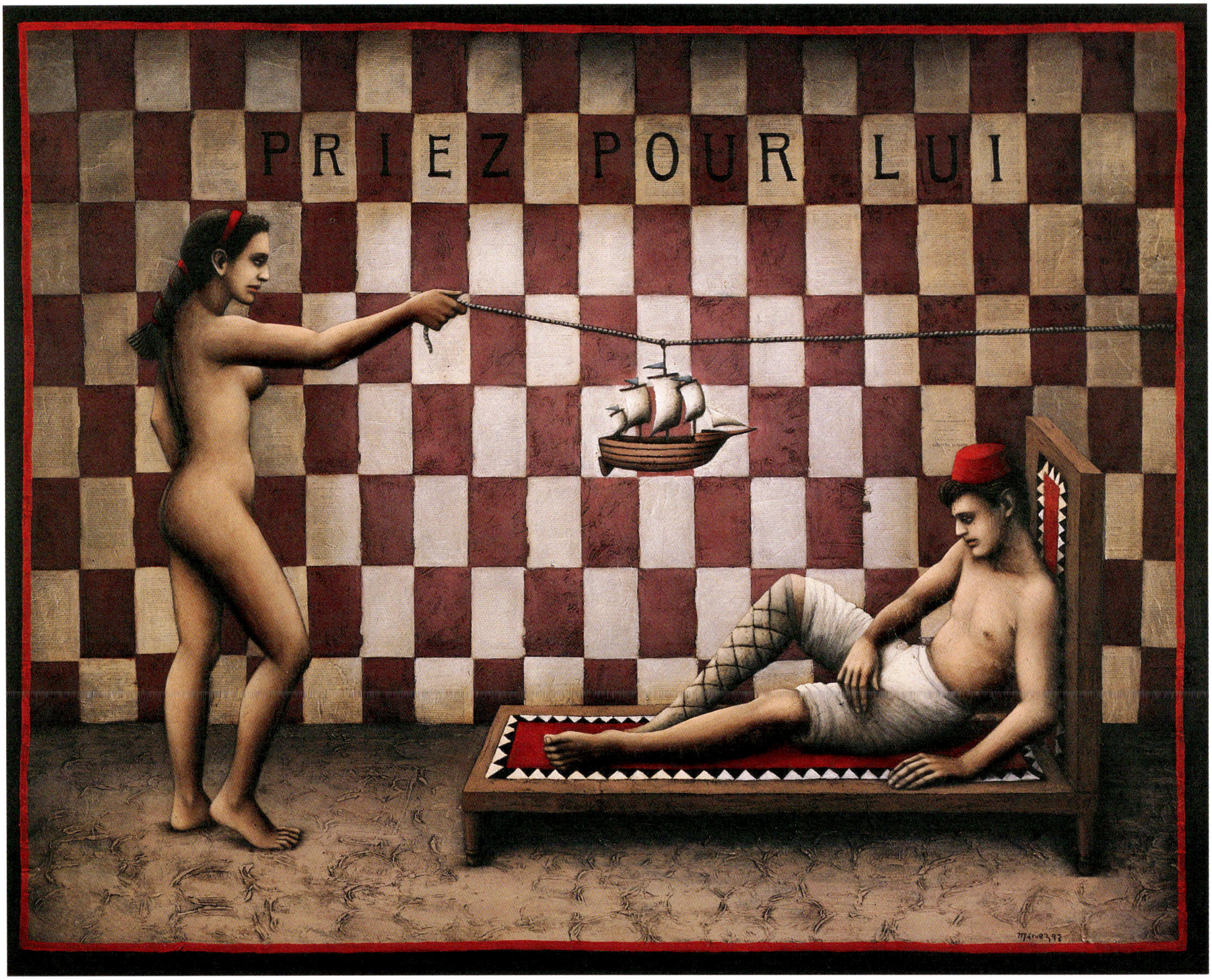

46. LE BATEAU IVRE 1992
mixed media on canvas 74"x91.5"
Galeria Fernando Quintana, Bogotá, Colombia

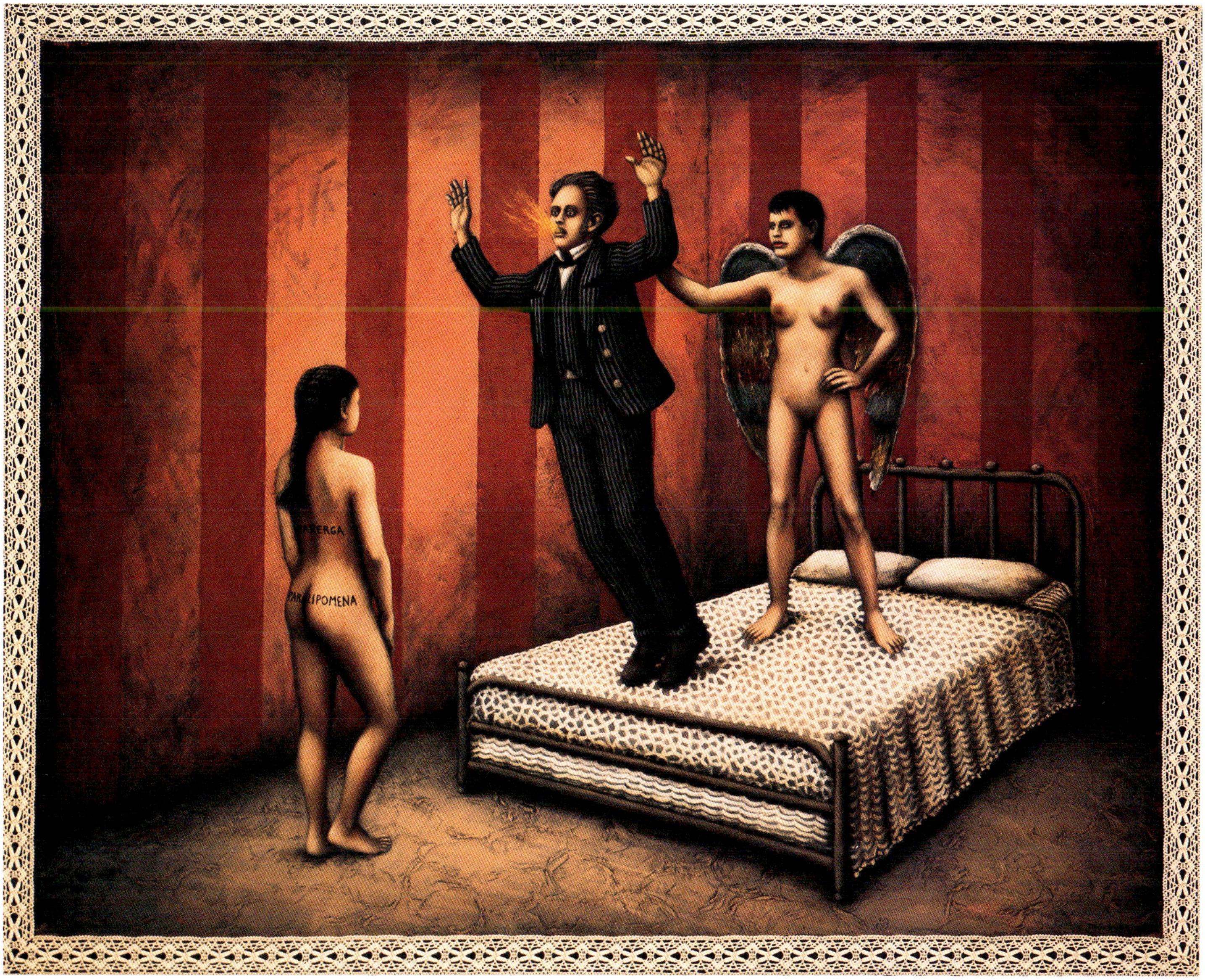

47. PARERGA UND PARALIPOMENA 1992
mixed media on canvas 74"x91.5"
Riva Yares Gallery, Scottsdale, AZ., Santa Fe, N.M.

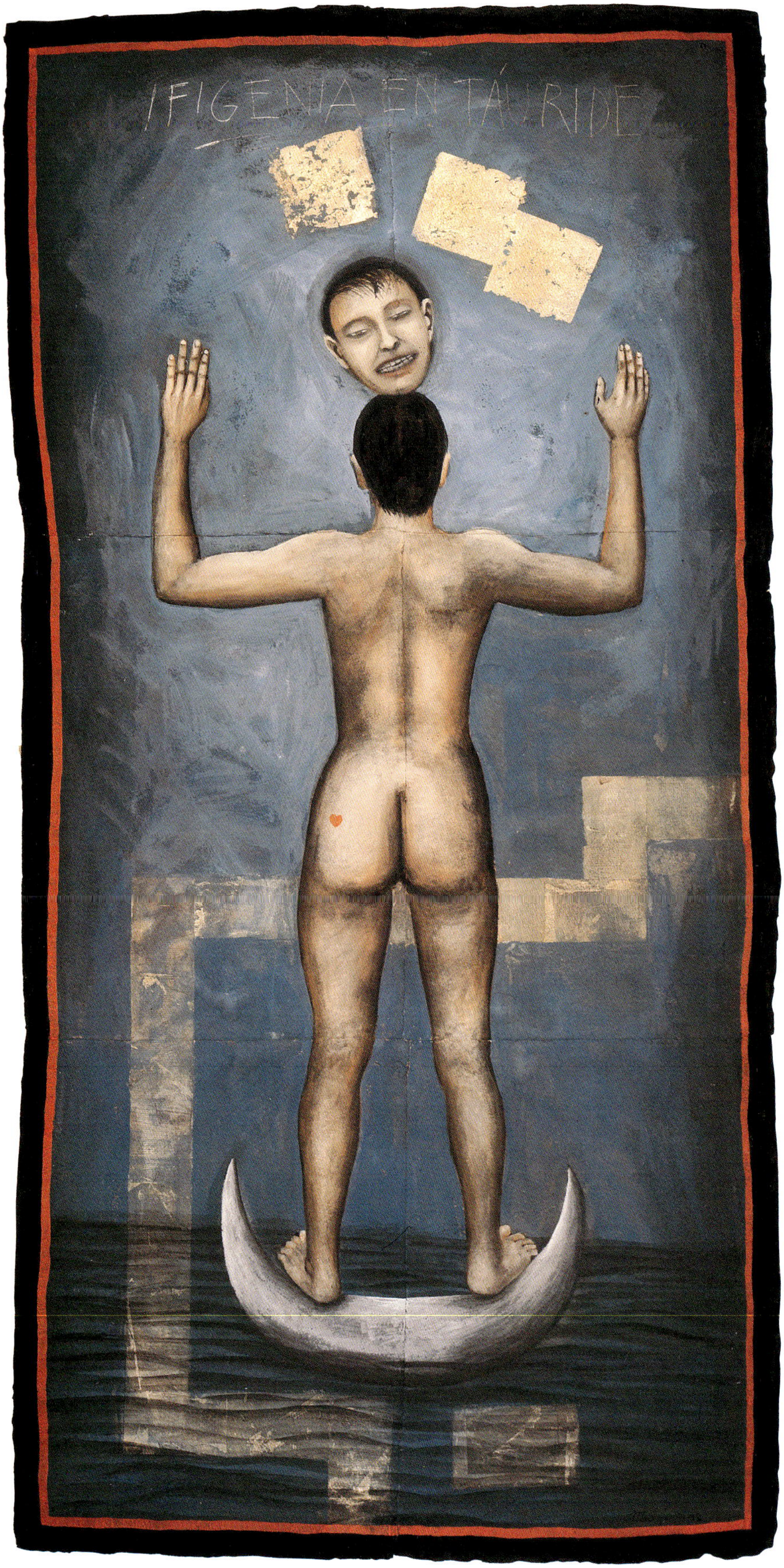

48. IFIGENIA 1992
mixed media on paper 89.5"x45"
K. Cooney & R. Madlock, California

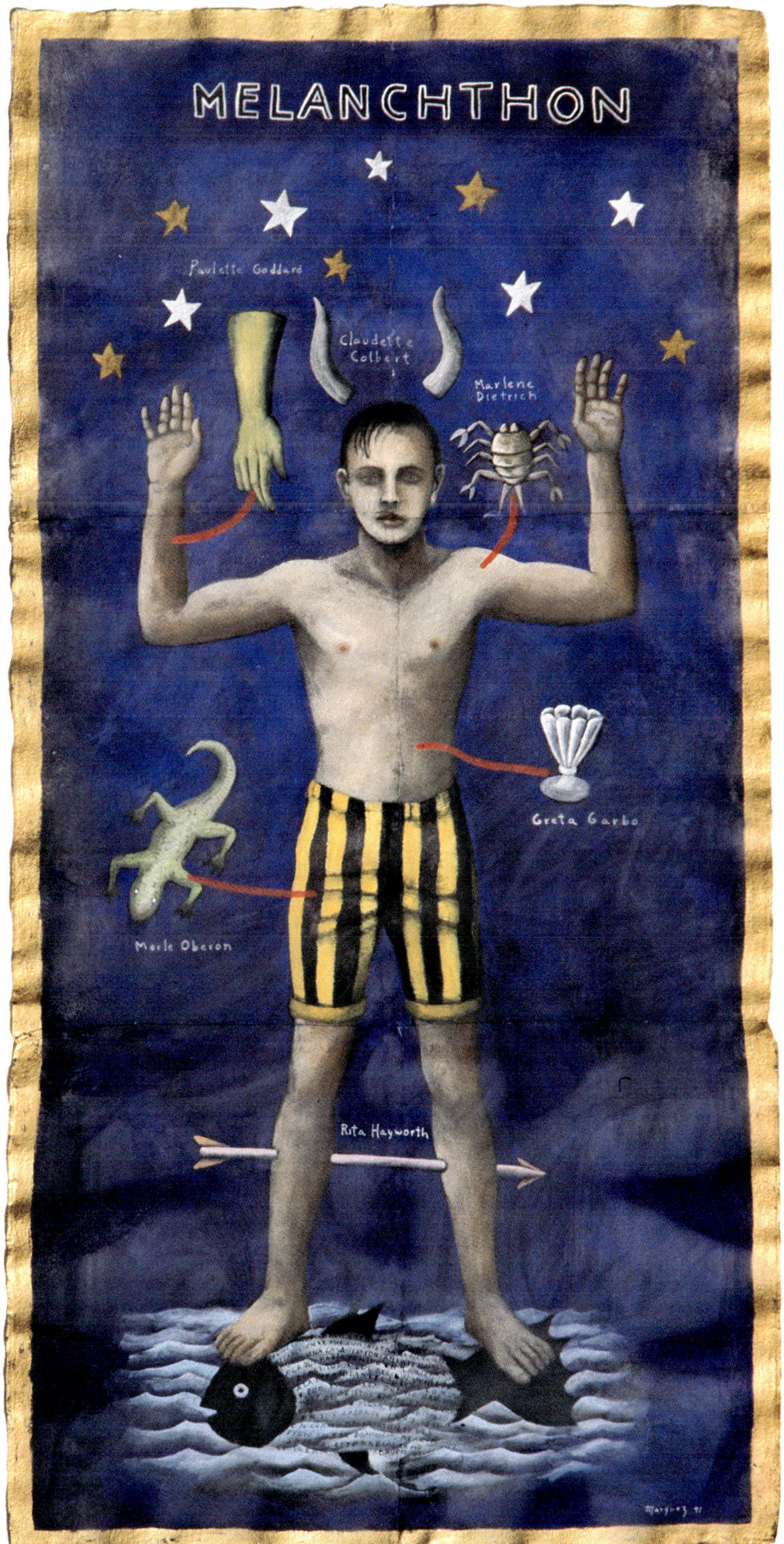

49. MELANCHTON 1992
mixed media on paper 89.5"x45"
Mr. Jim Harris, Arizona

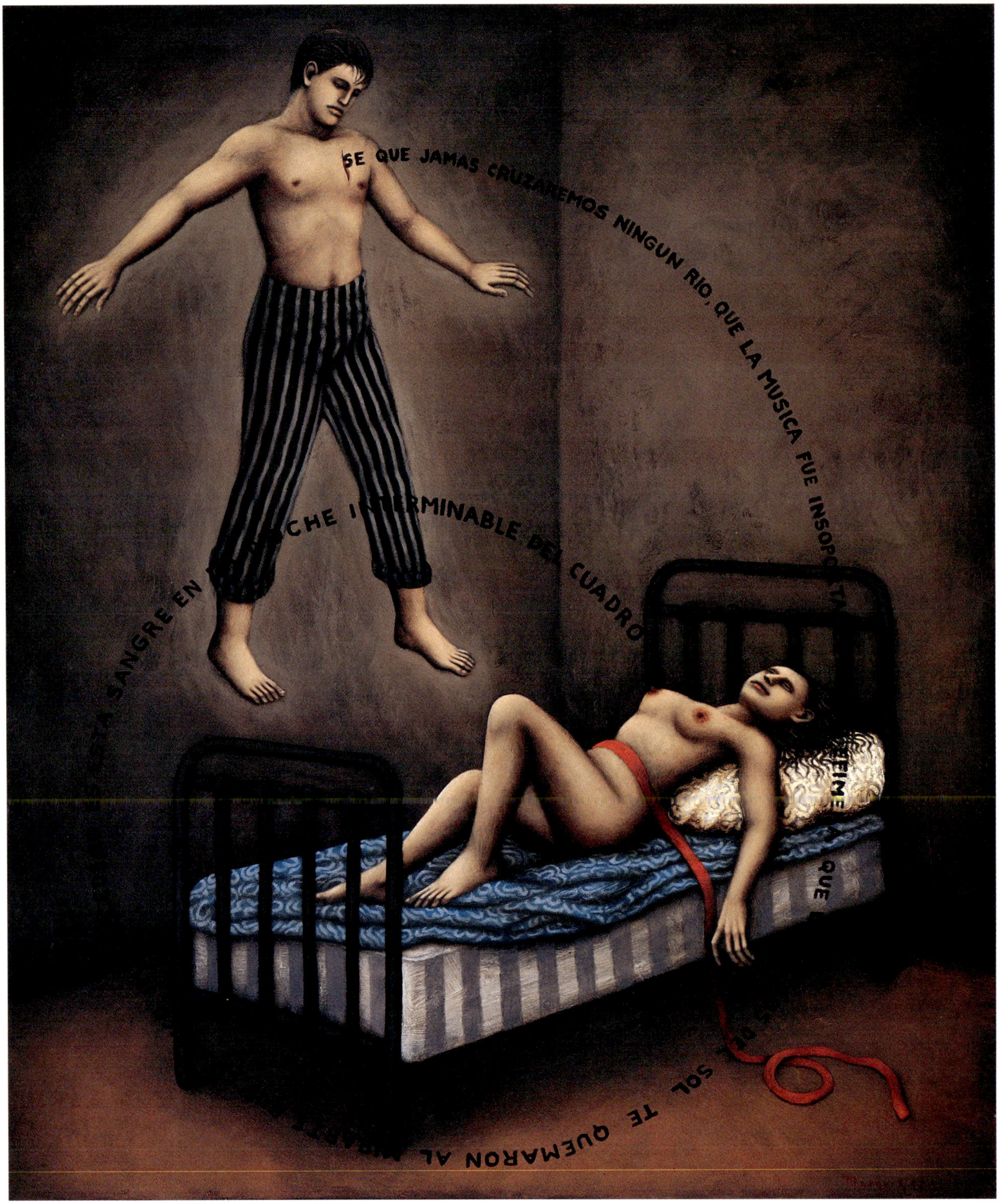

50. LA SANGRE DEL POETA 1992
The Blood of the Poet
oil on canvas 72"x60"
Riva Yares Gallery, Scottsdale AZ., Santa Fe, N.M.

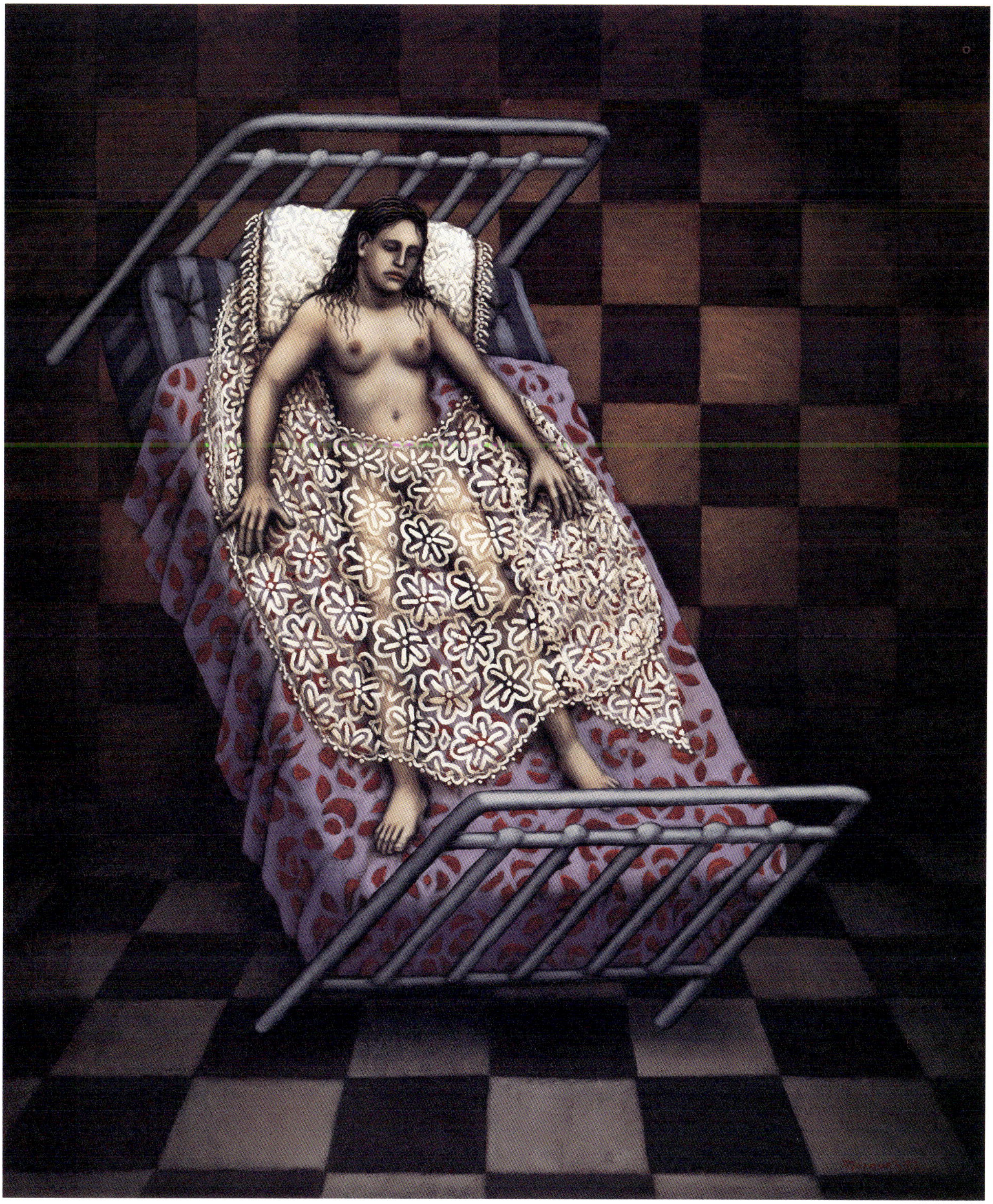

51. EL SUEÑO DE LA MUJER DE LOT 1992
The Dream of the Woman of Lot
oil on canvas 72"x60"
Riva Yares Gallery, Scottsdale, AZ., Santa Fe, N.M.

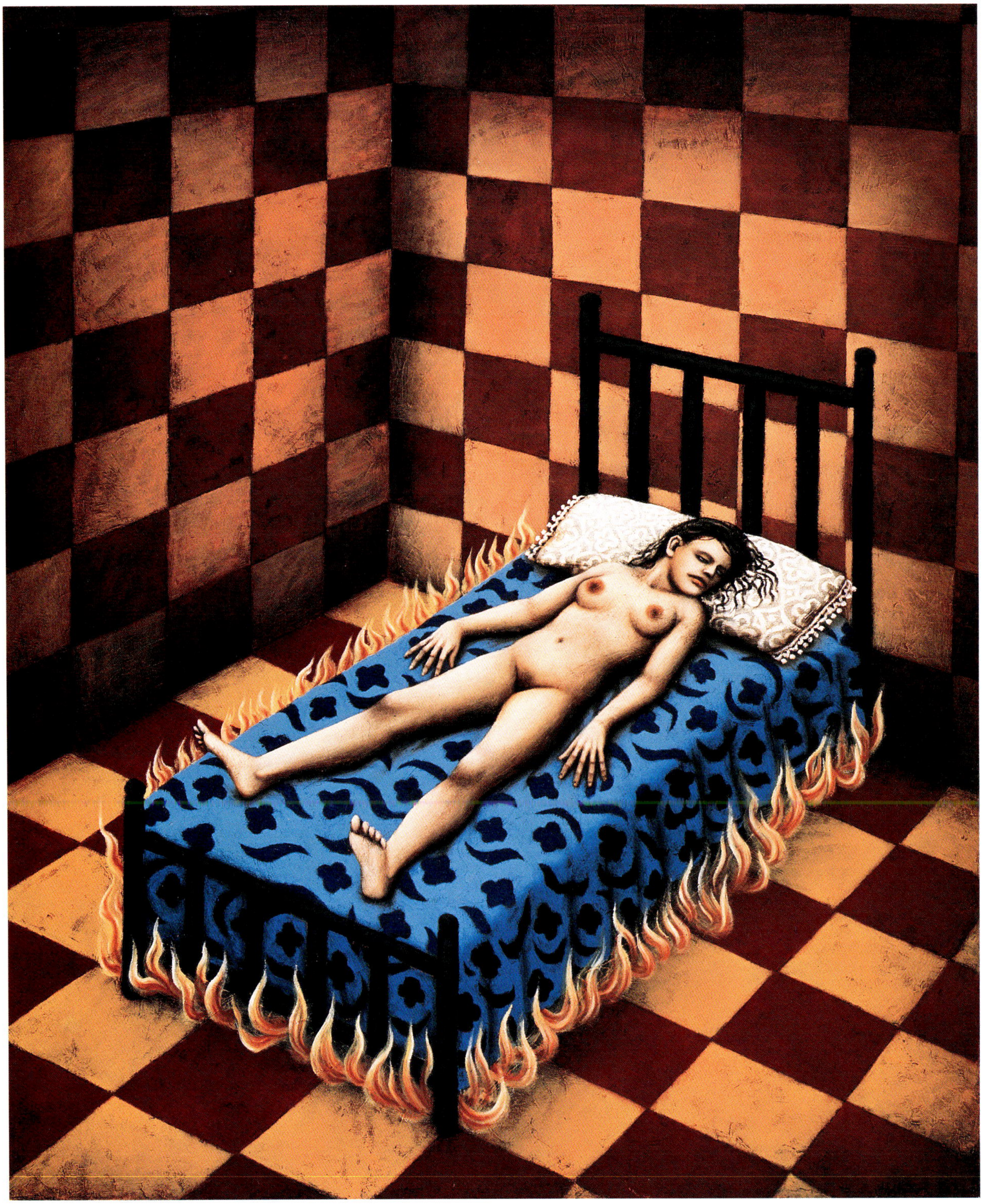

52. EL JUEGO DEL FUEGO 1993
The Game of Fire
oil on canvas 72"x60"
Riva Yares Gallery, Scottsdale, AZ., Santa Fe, N.M.

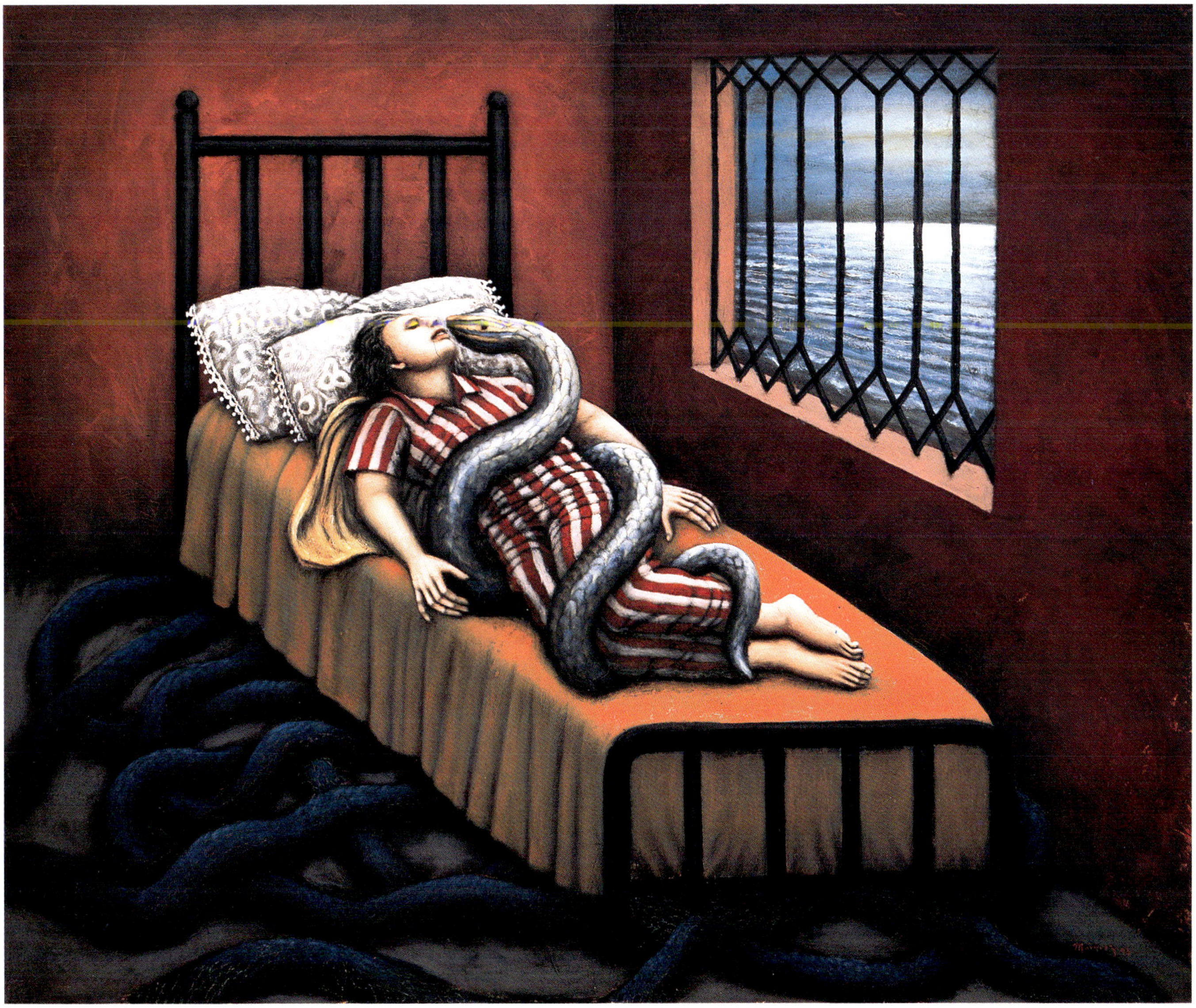

53. EL JUEGO DE LA SERPIENTE 1993
The Serpent's Game
oil on canvas 60"x72"
Riva Yares Gallery, Scottsdale, AZ., Santa Fe, N.M.

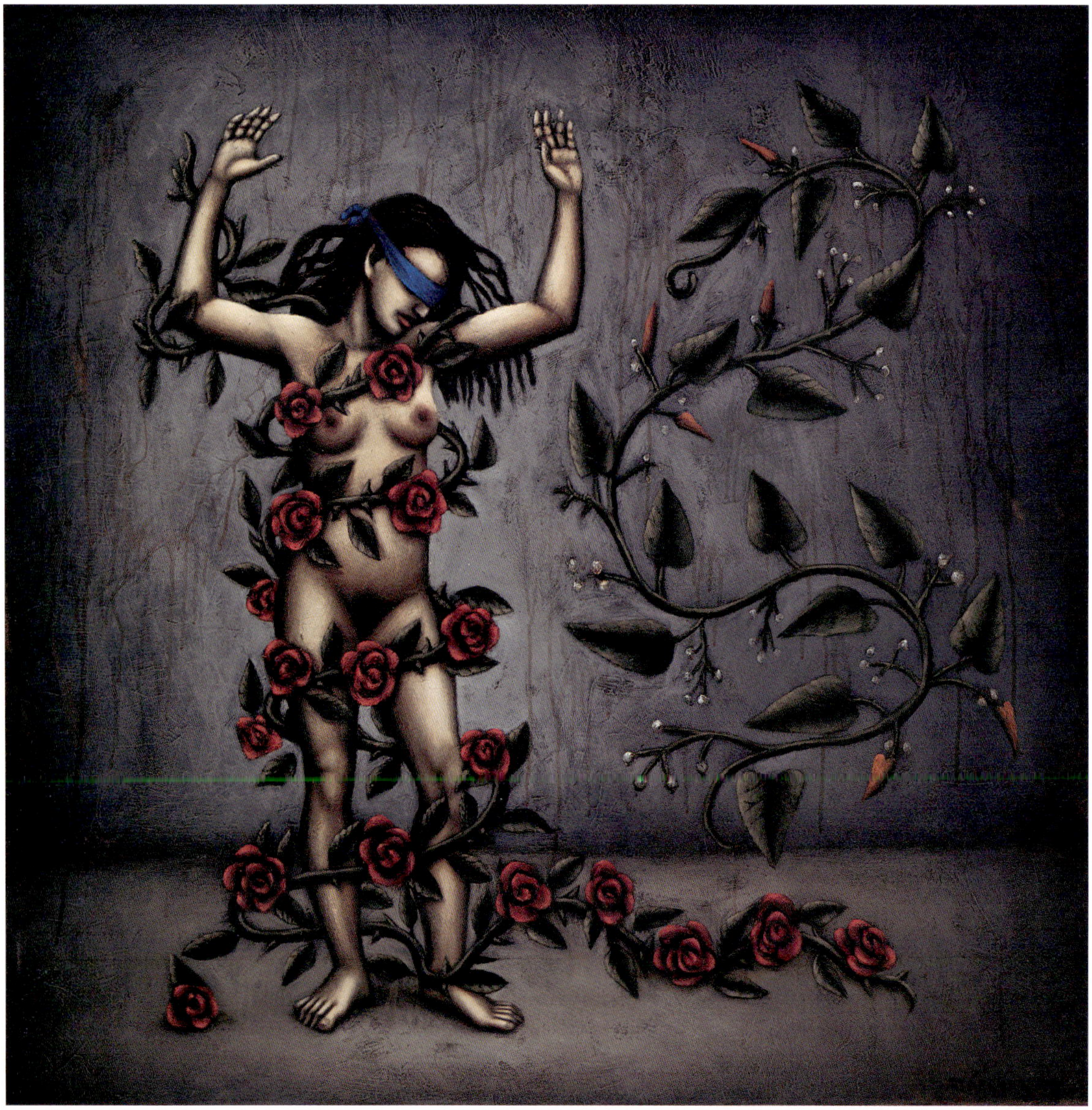

54. LA BOTANICA INCONCLUSA 1993
Unfinished Botany
oil on canvas 48"x48"
Mr. & Mrs. Arie Ilton, Florida

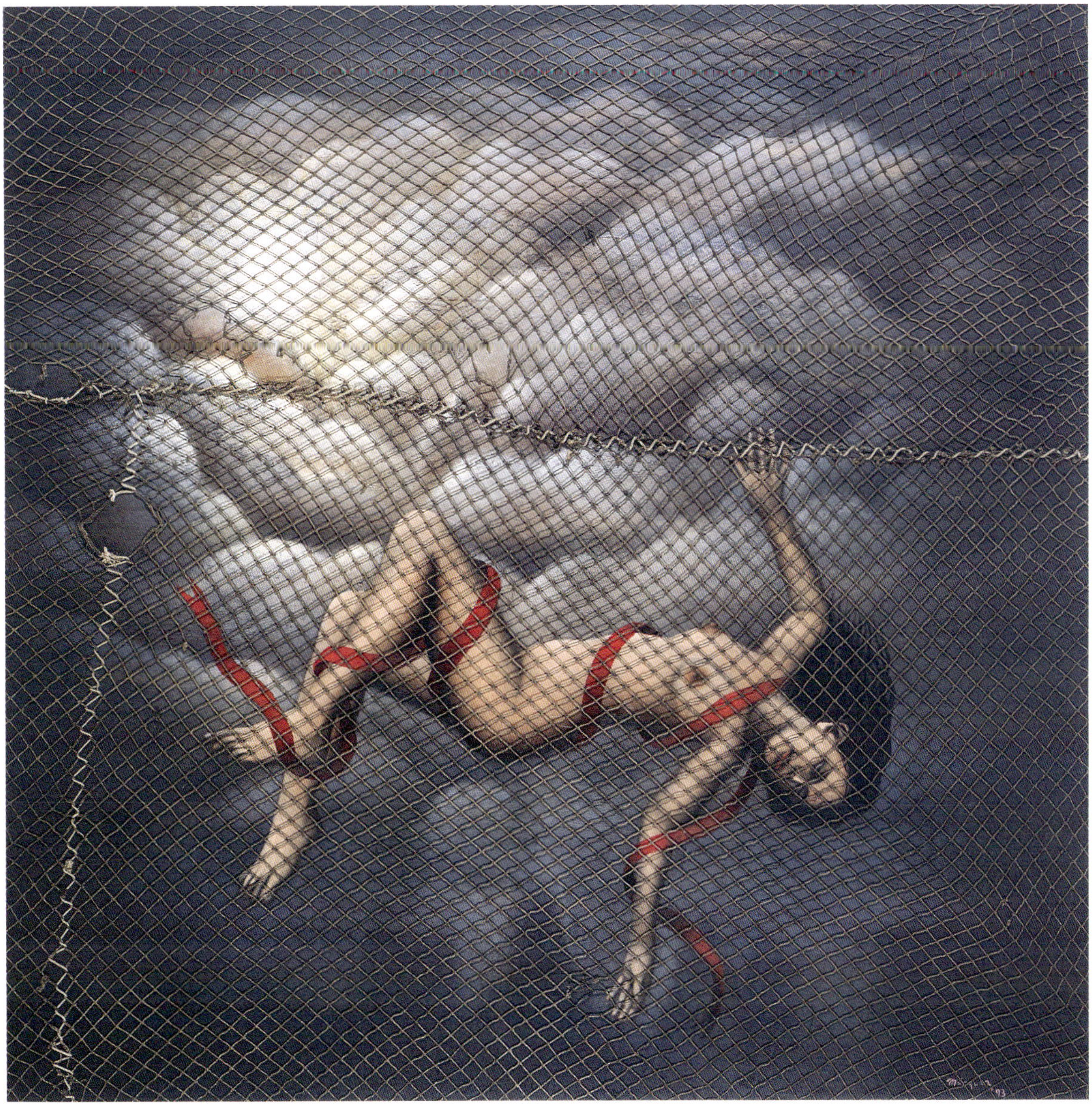

55. LA RED 1993
The Net
mixed media on canvas 48"x48"
Galeria Fernando Quintana, Bogotá, Colombia

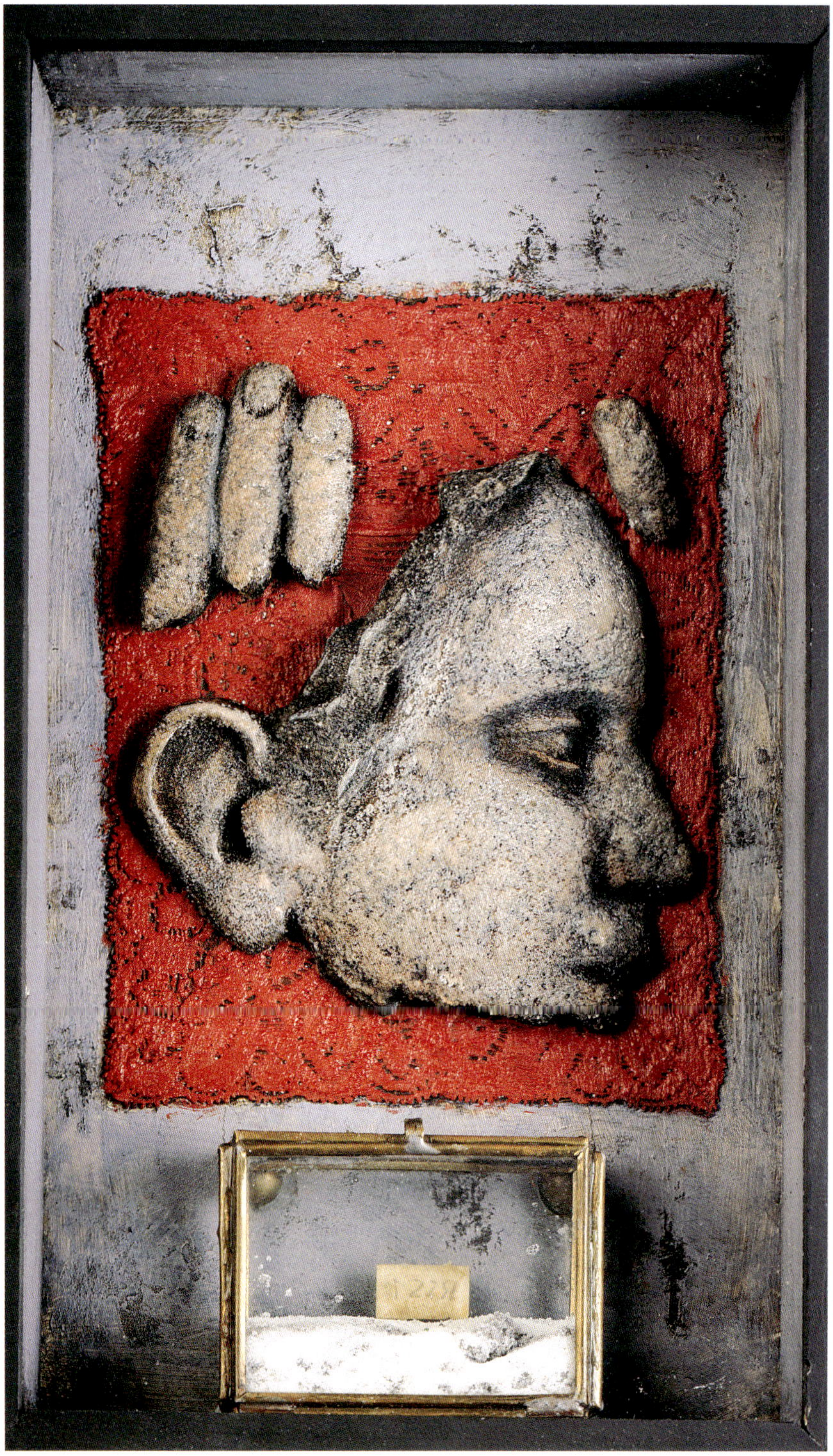

57.
EL VELO DE MAX ERNST 1993
Max Ernst's Veil
mixed media 12.5"x7.5"x2.5"
Mr. & Mrs. Bill Miller, New Mexico

58.
AS YOU LIKE IT 1993
mixed media 12.5"x7.5"x2.5"
Mr. & Mrs. Bill Miller, New Mexico

59.
FOSFOROS QUEMADOS POR SUSANA SAN JUAN AL PERDER A SU AMANTE 1993
Matches Burnt By Susana San Juan When She Lost Her Lover
mixed media 12.5"x7.5"x2.5"
Mr. & Mrs. Bill Miller, New Mexico

60.
PINCEL HALLADO DE GREGORIO MONGE, PINTOR AUTODIDACTA 1993
Found Brush of Gregorio Monge, Self Taught Painter
mixed media 12.5"x7.5"x2.5"
Mr. & Mrs. Bill Miller, New Mexico

56. FRAGMENTOS DE LA MUJER DE LOT 1993
Some Fragments of the Woman of Lot
mixed media 12.5"x7.5"x2.5"
Mr. & Mrs. Bill Miller, New Mexico

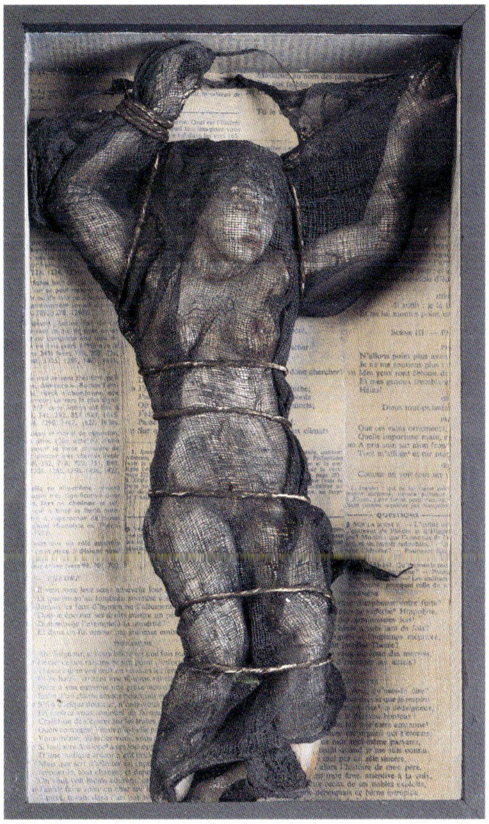
57.

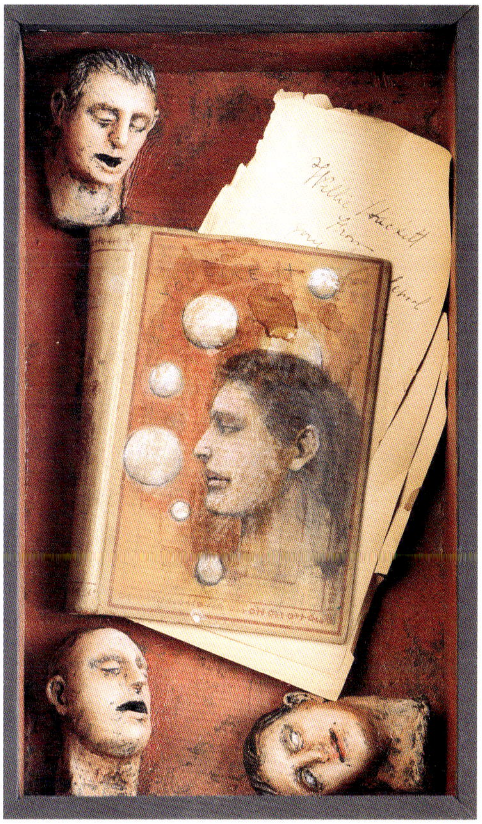
58.

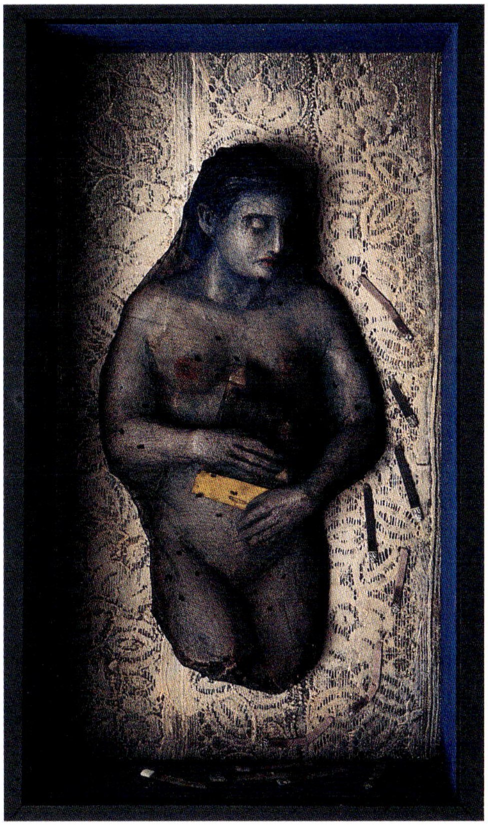
59.

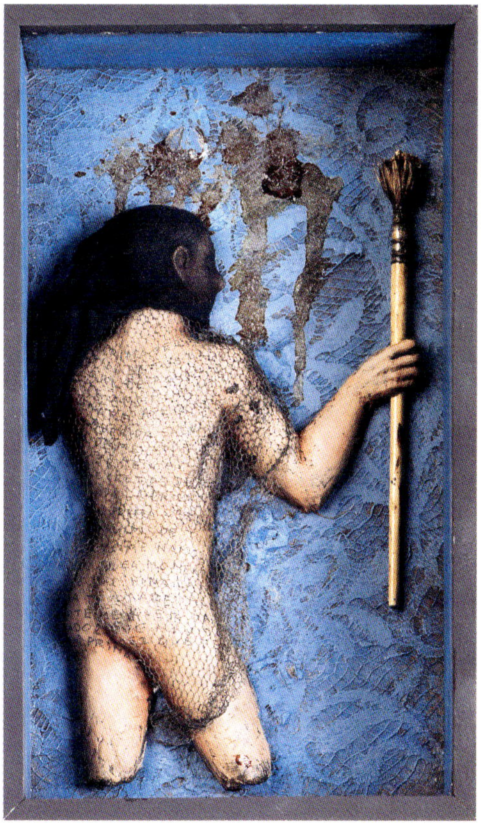
60.

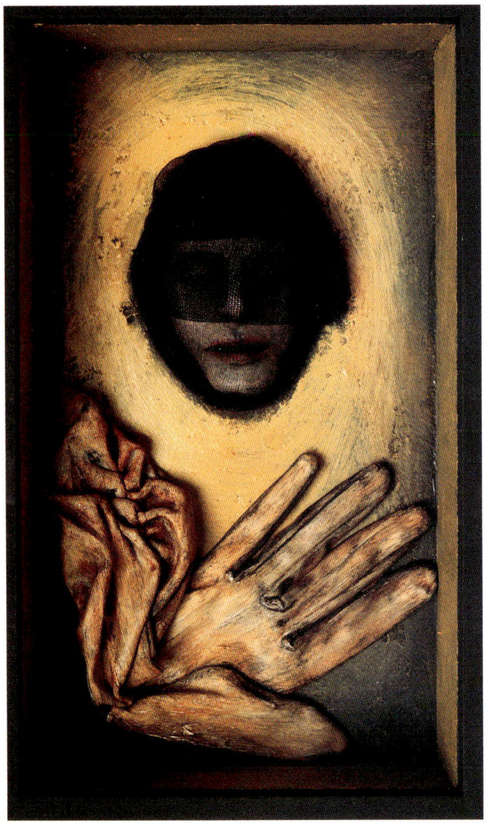
61.
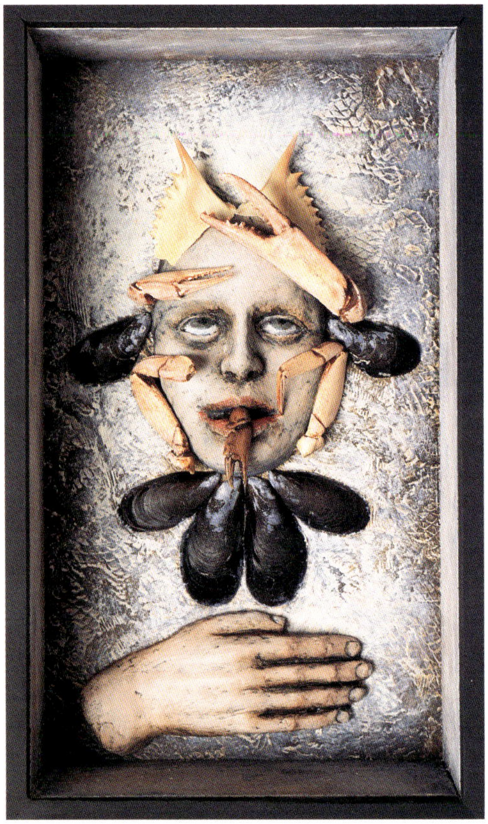
62.
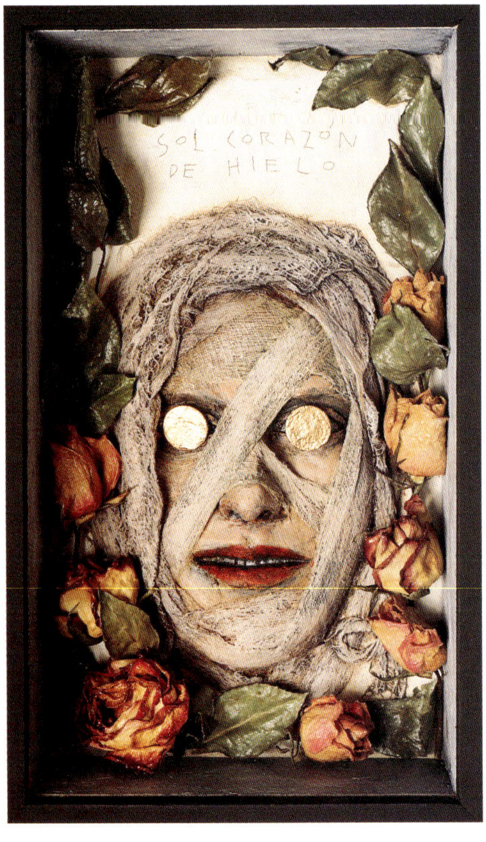

63.
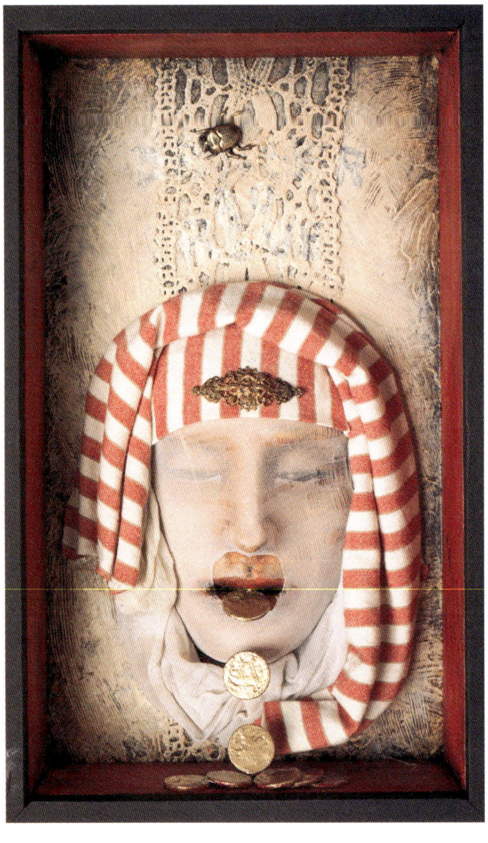
64.

61.
EL OTRO GUANTE DE MAX KLINGER 1993
Max Klinger's Other Glove
mixed media 12.5"x7.5"x2.5"
Mr. & Mrs. Bill Miller, New Mexico

62.
OBJECTOS ENCONTRADOS EN EL CEMENTERIO MARINO 1993
Objects Found in the Sea Cemetery
mixed media 12.5"x7.5"x2.5"
Mr. & Mrs. Bill Miller, New Mexico

63.
FLORES QUE CUBRIERON EL CUERPO DE SIMON EL MAGO DESPUES DE SU CAIDA 1993
Flowers That Covered Simon Magus After His Fall
mixed media 12.5"x7.5"x2.5"
Mr. & Mrs. Bill Miller, New Mexico

64.
OCHO MONEDAS ENTRE LAS CUALES SE ENCUENTRA EL DENARIO DEL DESTINO 1993
Eight Coins Among Which is Contained the Denary of Destiny
mixed media 12.5"x7.5"x2.5"
Mr. & Mrs. Bill Miller, New Mexico

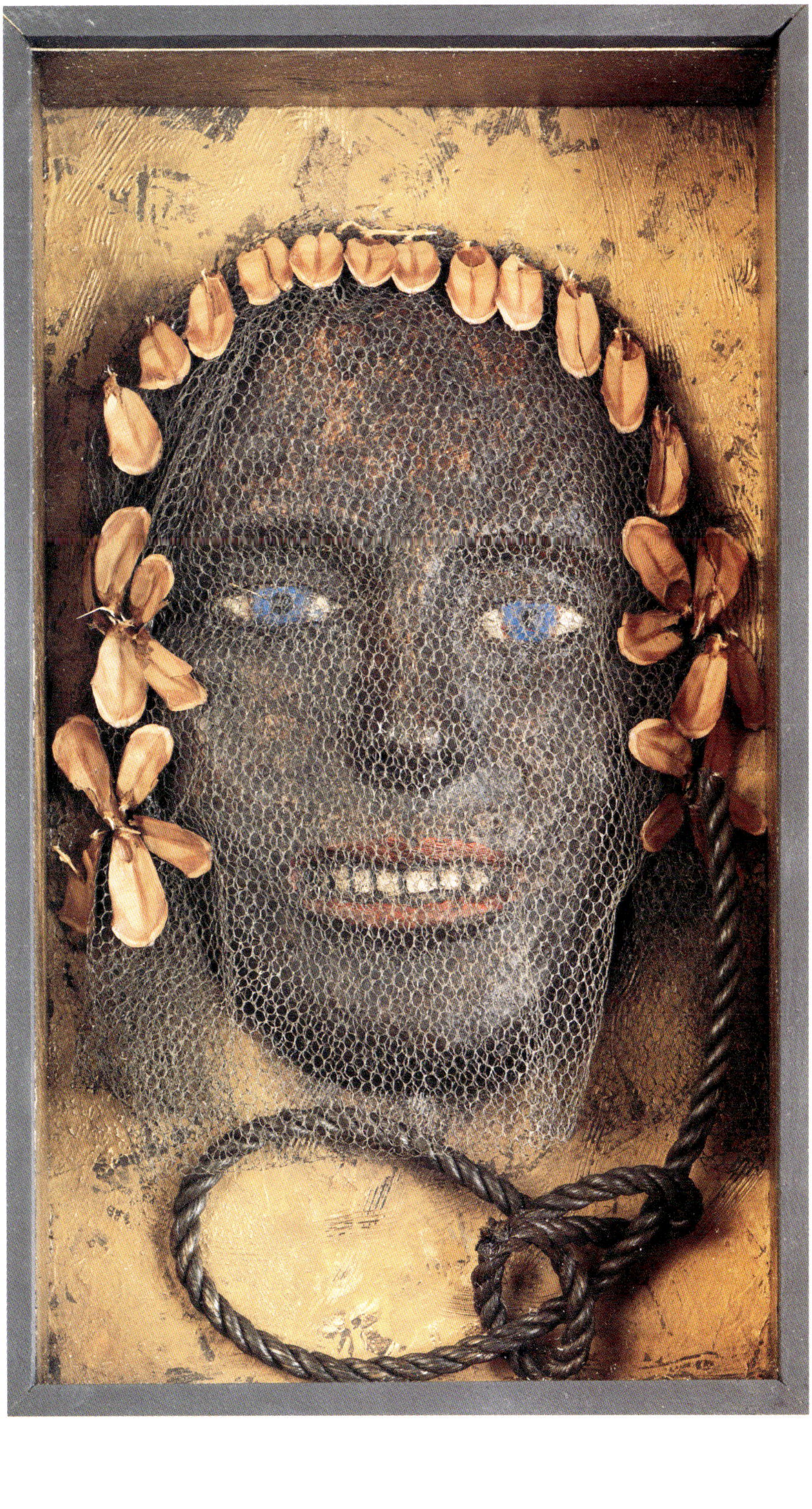

65. SOUVENIRS DEL ULTIMO DIA DE NERVAL 1993
Souvenirs From Nerval's Last Day
mixed media 12.5"x7.5"x2.5"
Mr. & Mrs. Bill Miller, New Mexico

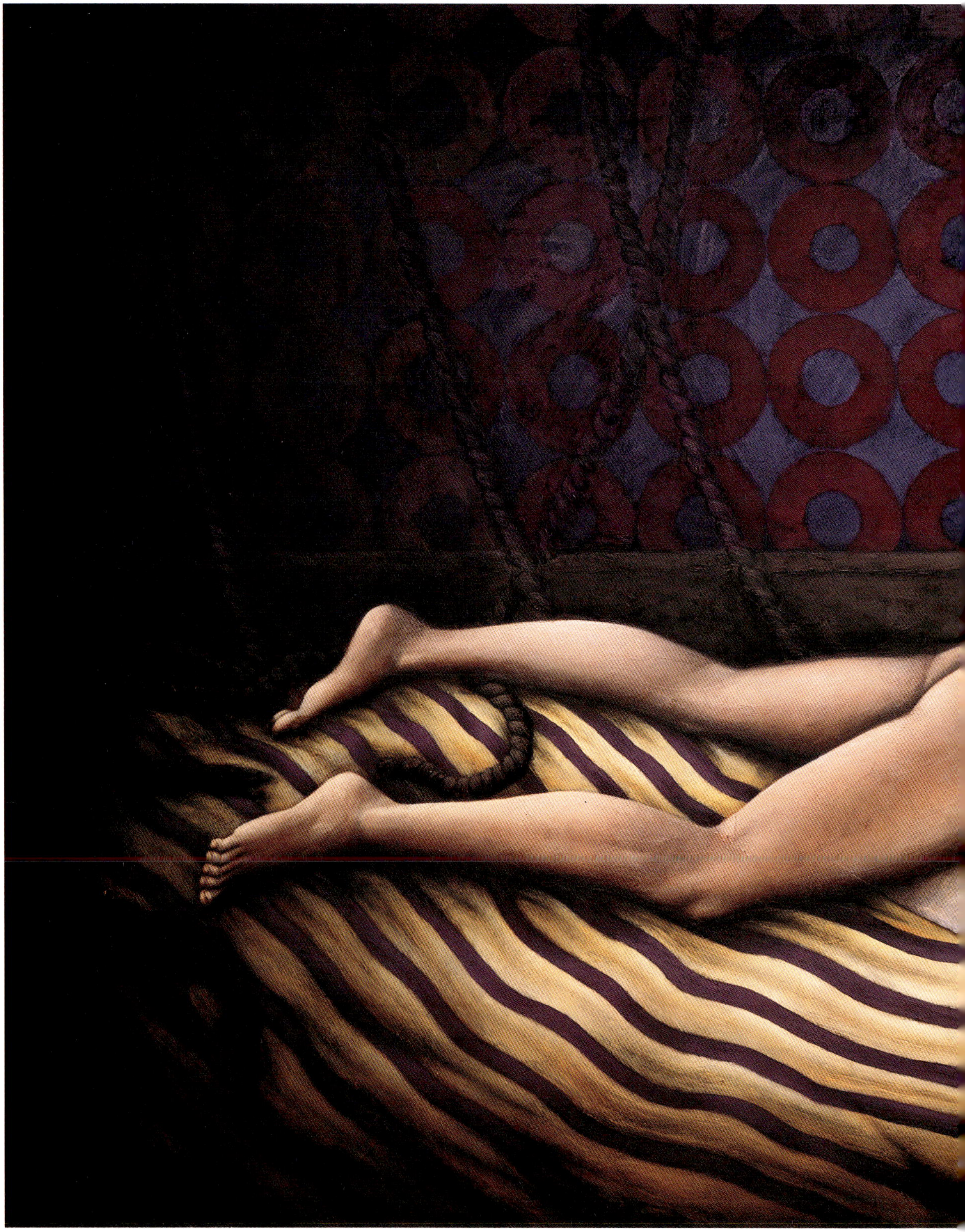

66. TE INVENTARE UNA MEMORIA 1994
I Will Invent a Memory For You
oil on canvas (diptych) 72"x120"
Riva Yares Gallery, Scottsdale, AZ., Santa Fe, N.M.

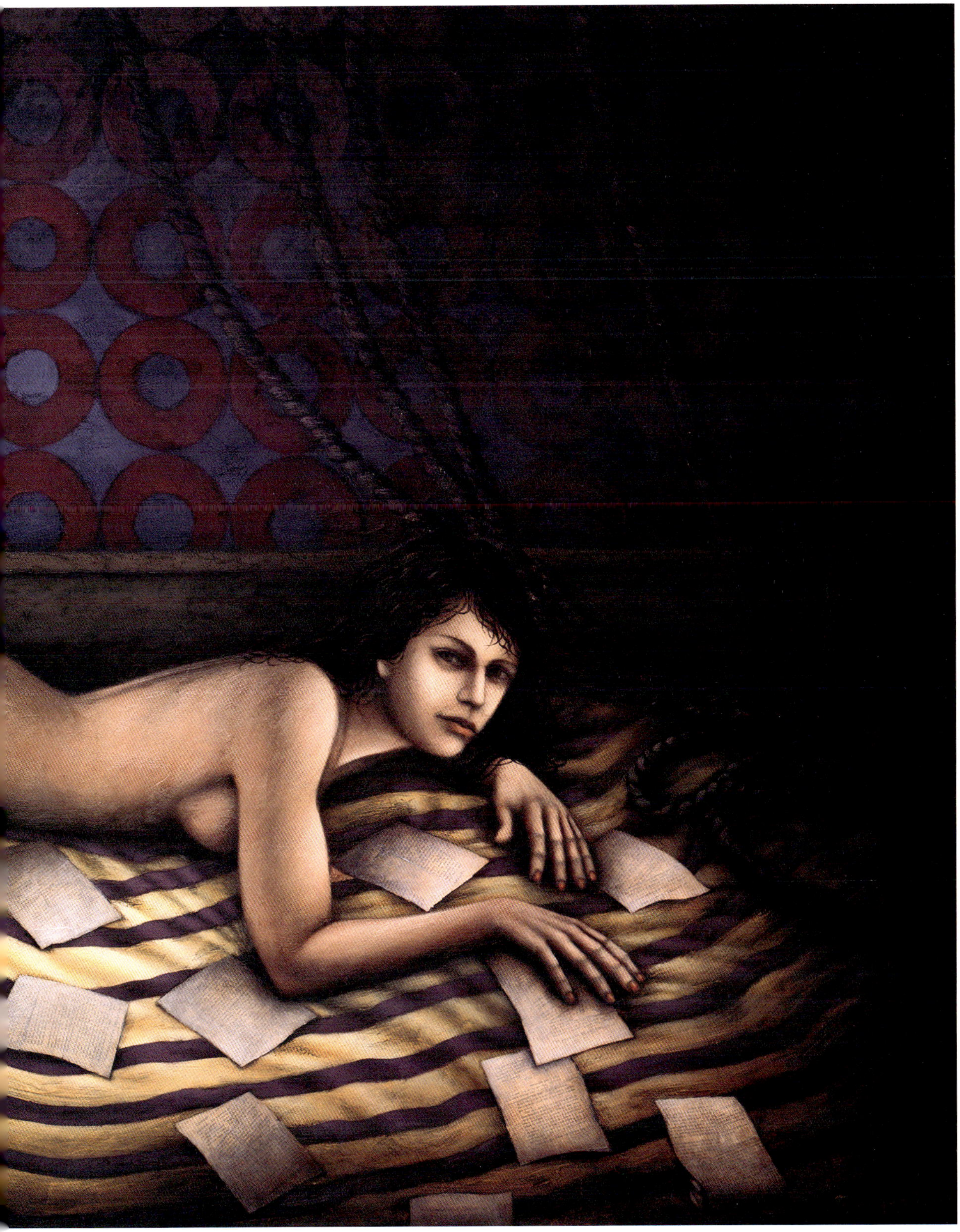

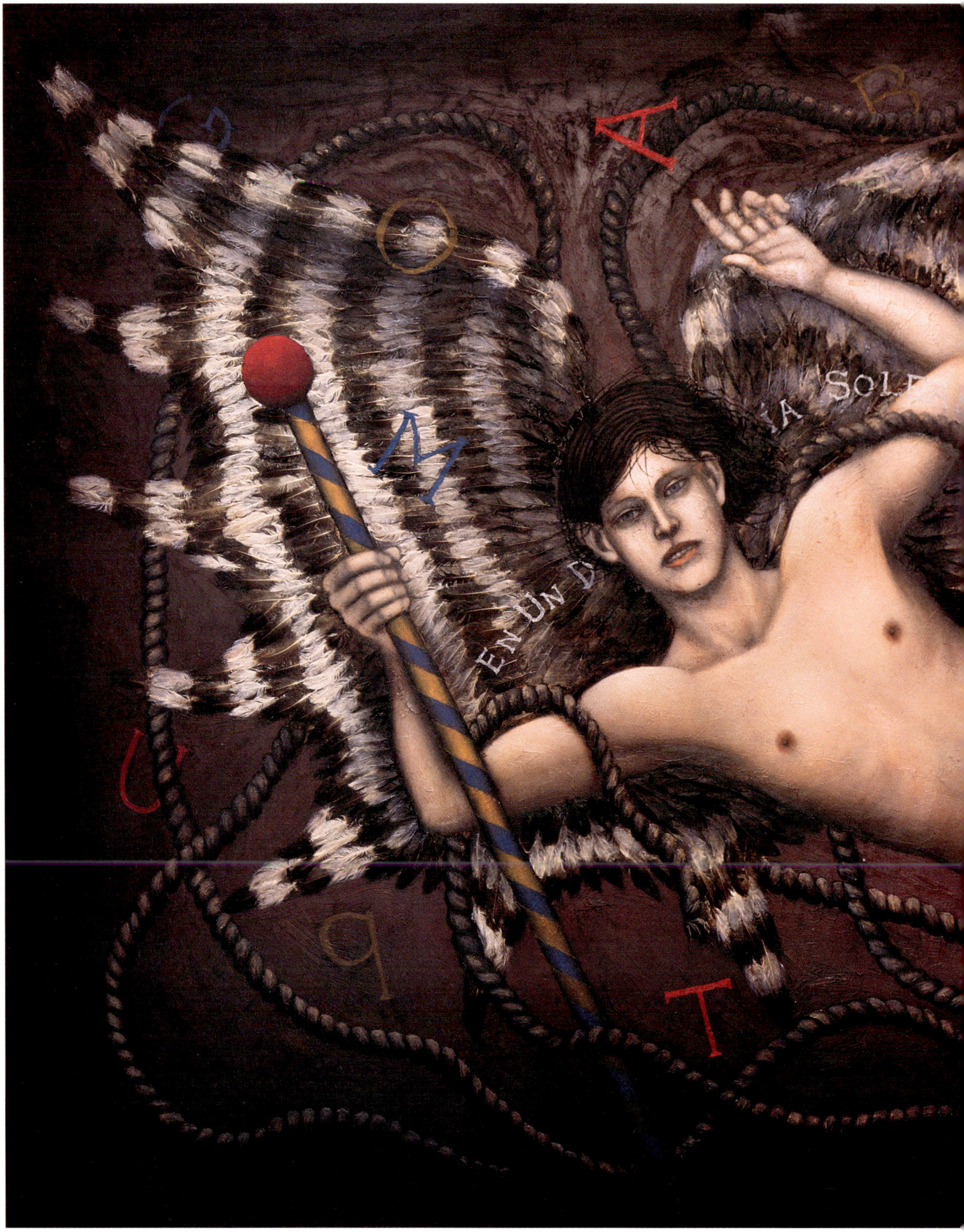

67. TE LLEVARE AL CIELO 1994
I Will Take You to Heaven
mixed media on canvas (diptych) 72″x120″
Mr. Jim Harris, Arizona

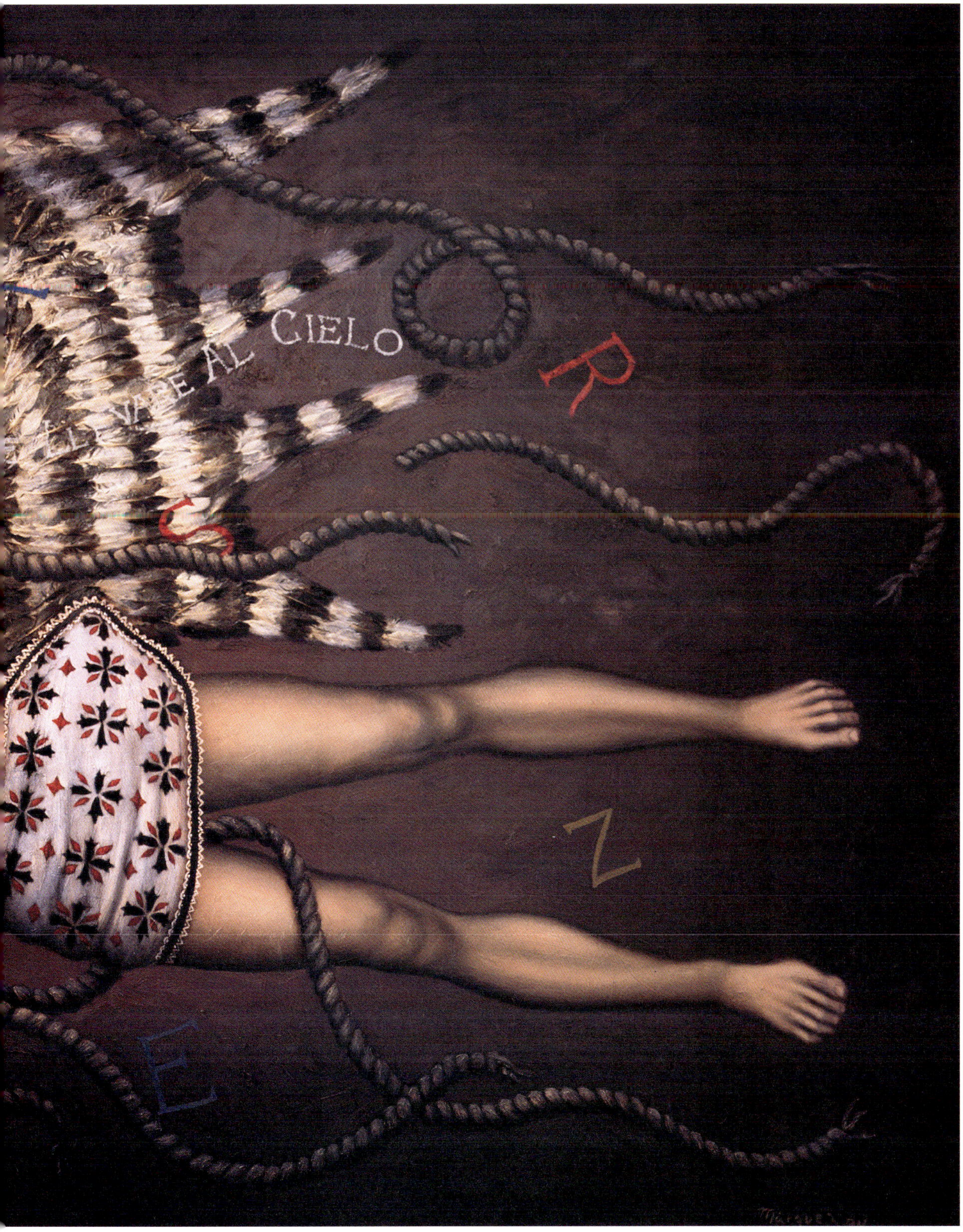
AL CIELO
R
S
N
E

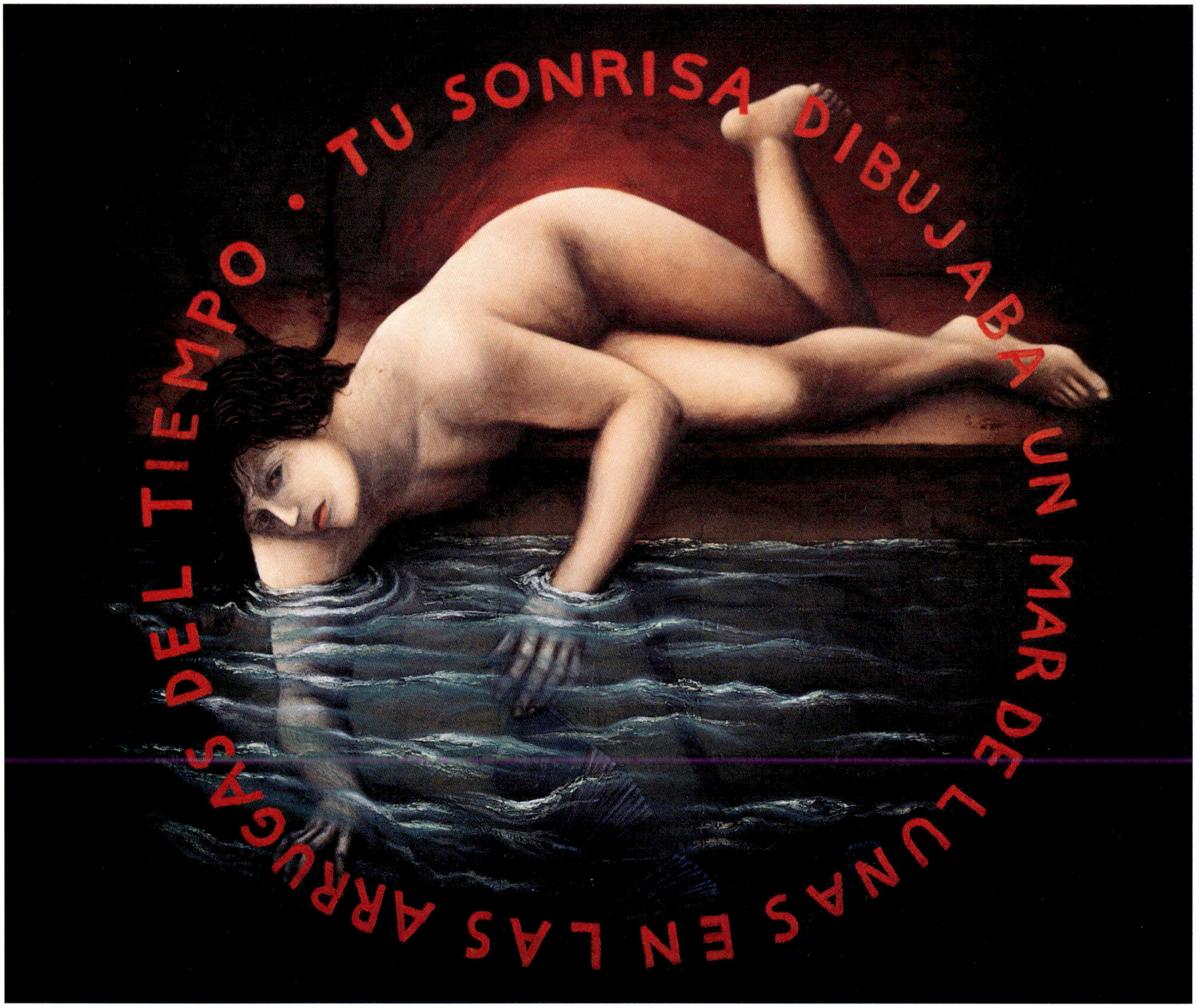

68. LAS ARRUGAS DEL TIEMPO 1994
The Wrinkles of Time
oil on canvas 60"x72"
Riva Yares Gallery, Scottsdale, AZ., Santa Fe, N.M.

TRES LUNAS

Para Ana

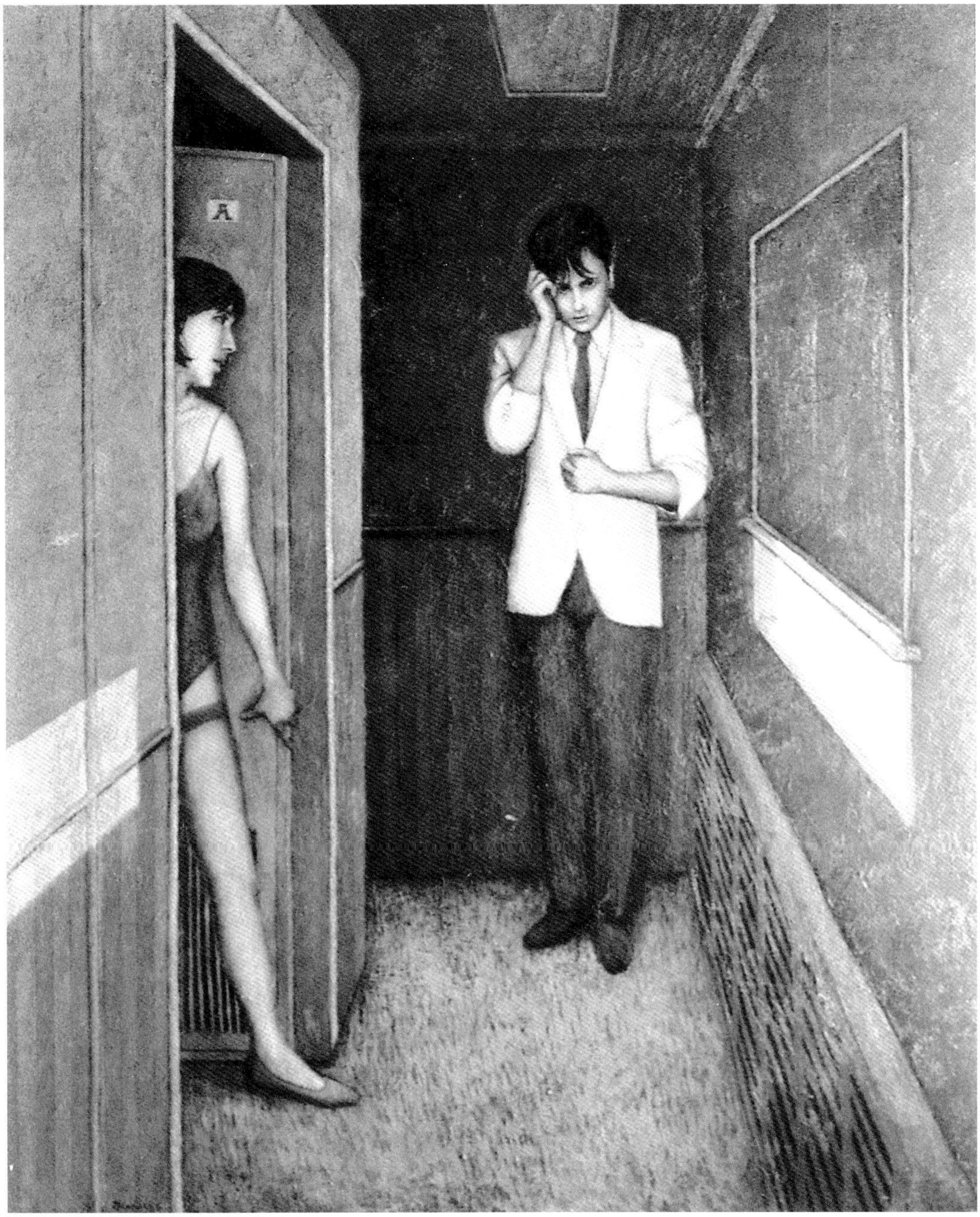

RAIN, STEAM AND SPEED, 1986
Private Collection

I LUNA DEL ECLIPSE

Este instante en que la memoria
busca su remanso
conjura el mismo viento inmóvil
viento del tiempo en el jardín olvidado
que te vió aquella tarde.

Tu cuerpo es una luz más
entre la danza de sombras
que desprende el árbol por sus hojas

Te miro. Somos una sola imagen
en el vacío del pensamiento.
El transcurrir nos desdibuja
y la noche nos vierte
en el agua común de la inconciencia

Sin advertirlo, el verde se hace
frío, tono a tono
y el sol cruza con lentitud
tu sonrisa de media luna

Sobre el muro, el eclipse se convirtió
en cascada de bocas sonrientes
y de cada una se ellas
escuché mi nombre

Al final, los desvanecientes labios
pronunciaban consignas:
"Pintarás aire, tiempo, noches
y alguien imaginará que este instante
en tu memoria
fue recordado por alguien."

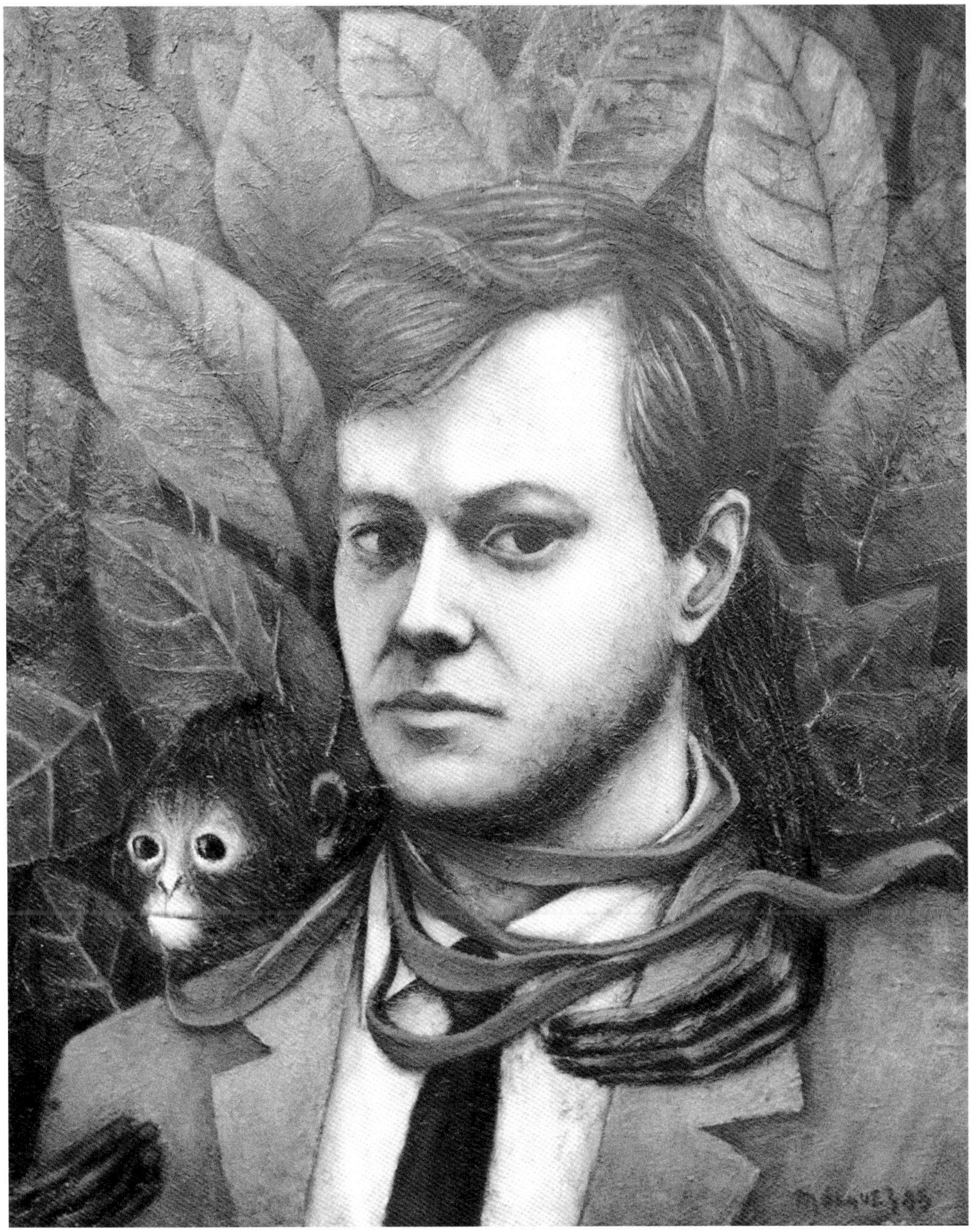

photo: Lynwood photographers

EL FRIDO, 1988
Collection of Dr. Michael McGarvey

II LUNA DEL DESIERTO

En la silenciosa casa del desierto
el ojo de la noche nos mira.
Secreto cómplice del fatuo temor
que compartimos

La quietud me recuerda la necesidad
de escucharte: eco de mi aliento
diapasón de mi cuerpo

Y el desierto: memoria del sol
apenas percibida, nos arroja al crepúsculo,
gemelo de la eternidad

¿Qué mirarán en nosotros los espejos
en esta obscuridad de cactus y serpientes
invisibles?

¿Qué coyotes, sin yo saberlo, accarrean
los augurios y las incertidumbres?

Mi destino no existe si lo ignoro

En un abrazo impío nos acercamos
y a mis espaldas transcurre la muda
violencia de los astros encendidos

Tu perfil súbitamente se ilumina
y tu ojos son ahora
cárcel de un desierto en miniatura

La luna está sobre nosotros

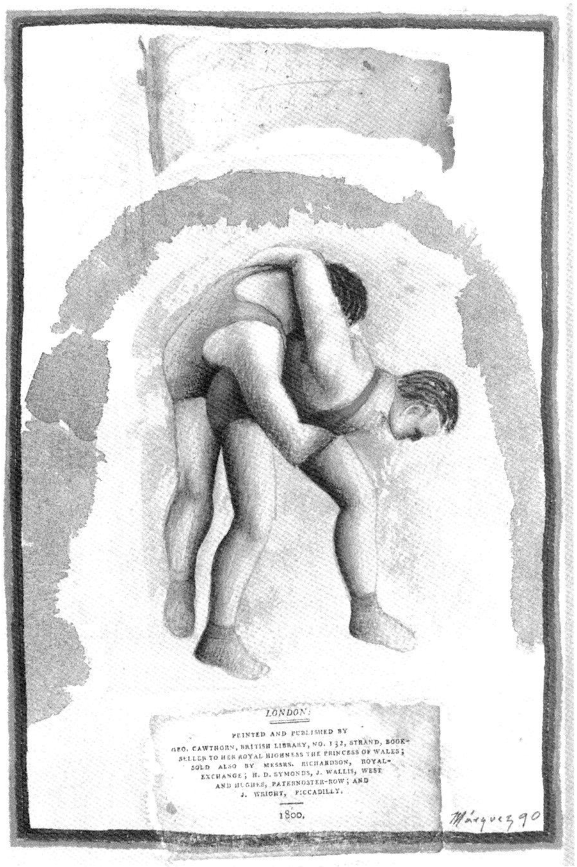
LONDON:
PRINTED AND PUBLISHED BY
GEO. CAWTHORN, BRITISH LIBRARY, NO. 132, STRAND, BOOK-
SELLER TO HER ROYAL HIGHNESS THE PRINCESS OF WALES;
SOLD ALSO BY MESSRS. RICHARDSON, ROYAL-
EXCHANGE; H. D. SYMONDS, J. WALLIS, WEST
AND HUGHES, PATERNOSTER-ROW; AND
J. WRIGHT, PICCADILLY.
1800.
Márquez 90

1.

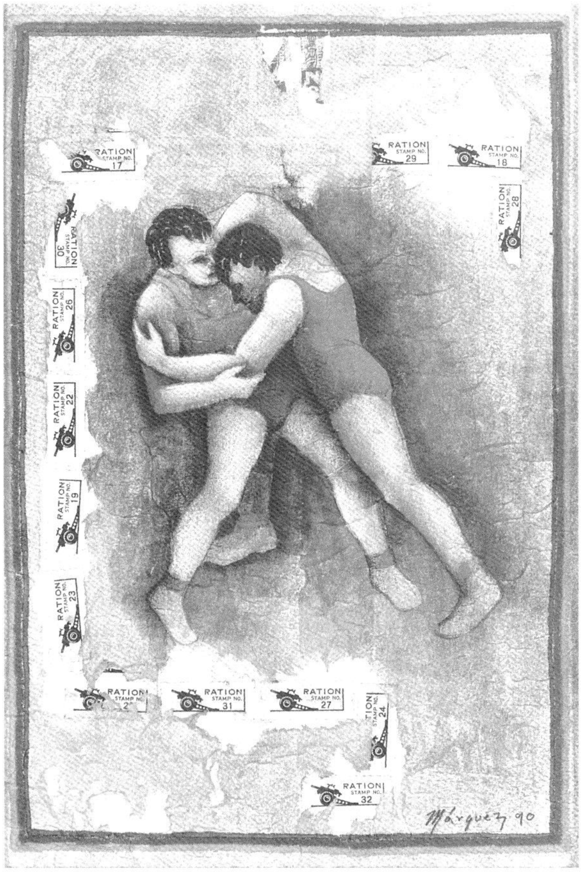
RATION STAMP NO. 17
RATION STAMP NO. 29
RATION STAMP NO. 18
RATION STAMP NO. 30
RATION STAMP NO. 28
RATION STAMP NO. 26
RATION STAMP NO. 22
RATION STAMP NO. 19
RATION STAMP NO. 23
RATION STAMP NO. 2
RATION STAMP NO. 31
RATION STAMP NO. 27
RATION STAMP NO. 24
RATION STAMP NO. 32
Márquez 90

2.

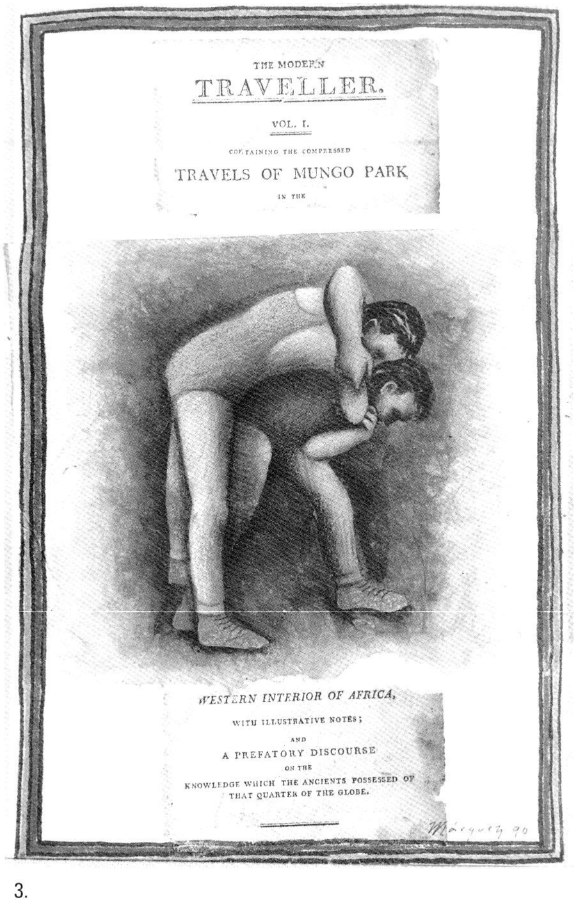
THE MODERN
TRAVELLER.
VOL. I.
CONTAINING THE COMPRESSED
TRAVELS OF MUNGO PARK
IN THE
WESTERN INTERIOR OF AFRICA,
WITH ILLUSTRATIVE NOTES;
AND
A PREFATORY DISCOURSE
ON THE
KNOWLEDGE WHICH THE ANCIENTS POSSESSED OF
THAT QUARTER OF THE GLOBE.
Márquez 90

3.

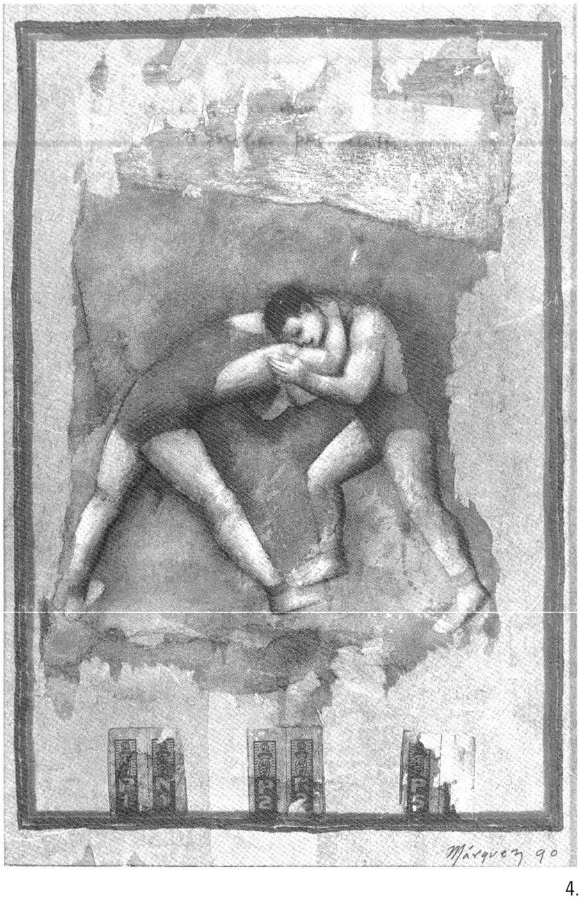
Márquez 90

4.

III LUNA DE LA CIUDAD

Que la luz de una lámpara se encienda,
Aunque ningún hombre la vea. Dios la verá
Jorge Luis Borges

Invisible se escucha un barco

Yo no cruzo aguas me dije
y camino deshabitado sobre la ribera
del espejismo de este río,
Estigia urbano que me ignora

La ciudad al fondo se deshace
contenida en sus sombras verticales,
de cuerpos y deseos verticales,
tejidos a un tapiz de luces
por el puntillismo de la distancia

Se escucha una gaviota

Imagino que por la ventana tú me miras
y seguramente intuyes la veleidad
de este instante

¿Será posible rescatar con la memoria
la apariencia de aquello que no me pertenece?

Mis días transcurren recordando
e imagianando lo que algún día recordaré

Se escucha el hielo que rompe la marea ficticia

Caminas ahora junto a mí.
No veas los rascacielos
que te pueden convertir en una estatua sal

Átame a tu mástil para no perderme
y ruega que el futuro nos acoja
en su vértigo de espejos, de esperanzas y de polvo

Se escucha la luna que nos llama

Cruzaremos el río sin mojarnos las espaldas

Roberto Márquez, 1994

LUCHADORES 1-4, 1991
Wrestlers
Collection of Riva Yares

AFTERWORD

Roberto Márquez is first a friend to me, then an artist. He is a young man clearly committed to his work who approaches each painting without compromise. He explores the depths of his vast imagination and translates the essence of his dreams onto canvas. These are timeless compositions, grasping the root of the humanities. Influences such as poetry, literature, opera, theater, and even dance are woven into the pigment. And then there is shadow and light and ingrained texture and life. The paintings induce wonderment and embrace drama while preserving an age long record and beyond all the imagery, there is innocence.

I have known Roberto to be shy, reserved, engaged in thought; planted in perhaps an undiscovered dimension. He listens to, observes, and learns the disciplines of existence. Suddenly, he awakens with an aura of excitement; a new found virtue or impression soon transformed, captured in a painting. So simply, Roberto is revealed through his art. Each painting is a piece of his inner life meshed and molded with the oil. The mystery then is not what has been exposed but what remains hidden in the soul and spirit of this gifted artist.

D. D. Yares
March, 1994
Santa Fe, New Mexico

CHRONOLOGY

EXHIBITIONS

ACKNOWLEDGEMENTS

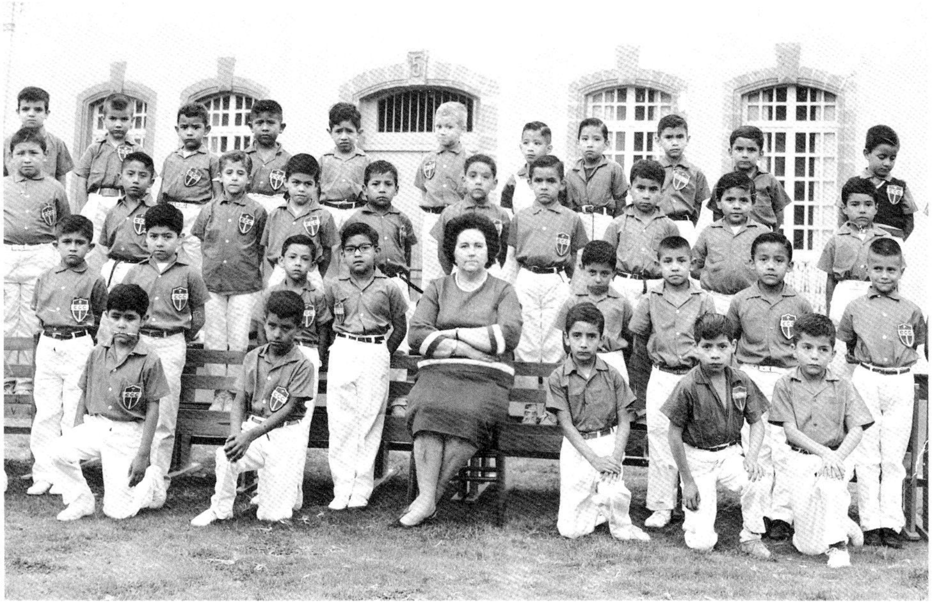

Class of 1966

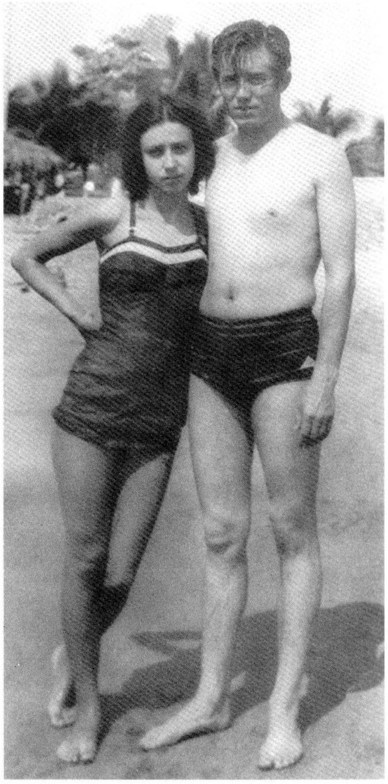

Parents Roberto &
Maria Guadalupe

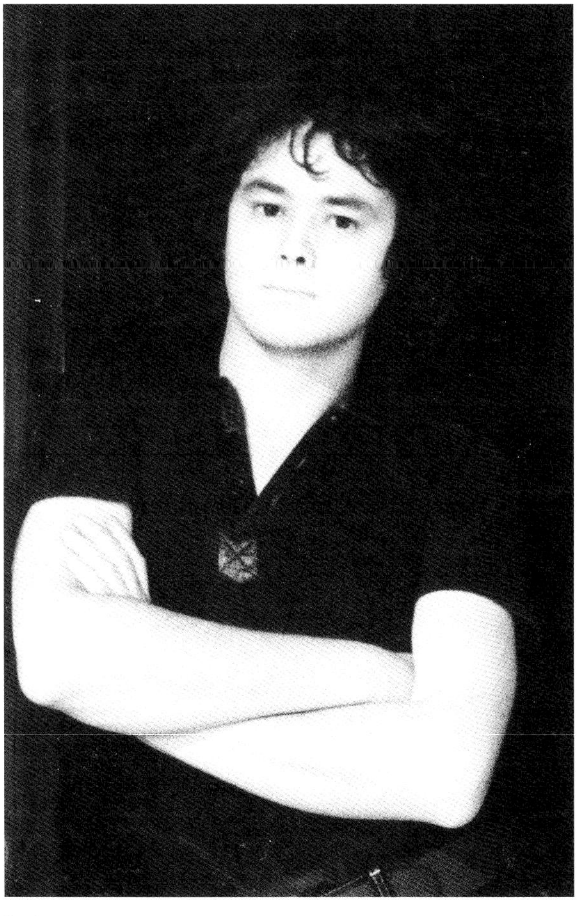

Roberto at 21

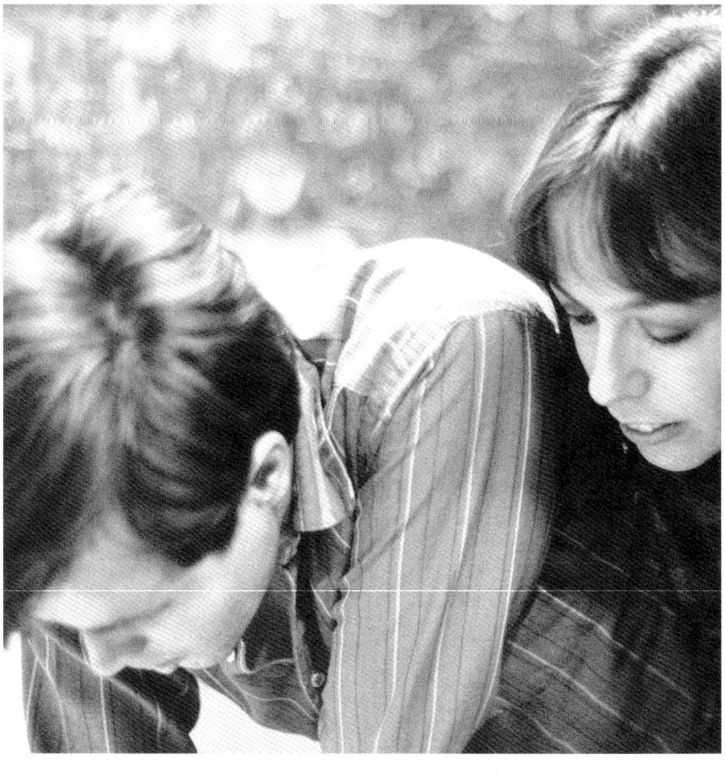

photo: Melissa Dubose

with wife, Ana Saldamando, 1988

CHRONOLOGY

1959	Born in Mexico City to Roberto and Maria Guadalupe.
1972	Family moves to Guadalajara, Jalisco for father's business.
1976–78	Takes sculpture classes at Escuela de Artes Plásticas, Guadalajara.
1978–83	Attends Instituto Tecnológico de Estudios Superiores de Occidente in Guadalajara to study architecture; begins attending literary workshop and illustrating publications.
1980–82	Studies poetry at Taller de Literatura Elías Nandino, Guadalajara.
1982	Marries Ana Saldamando; first group show with literary workshop at Ex Convento del Carmen where group meets; first one–person show in Guadalajara, *Sitial de Angeles*.
1983	Completes studies at Instituto Tecnológico; works as architect for very brief period but finds profession unfulfilling; makes decision to pursue career as painter; has show, *Remordimiento Póstumo* at Magritte Gallery, Guadalajara.
1984	One–person show at Arvil Gallery, Mexico City, *Las Hijas del Fuego*, which travels to Torreon, Coahuila; one-person show, *Augurios*, in conjunction with poet Jorge Esquinca, Clave Gallery, Guadalajara; first group show in United States, *Pintores de Guadalajara*, in Houston.
1985	Moves to Scottsdale, AZ; wins Contemporary Forum grant from Phoenix Art Museum.
1986	First one–person show in United States, *La Noche en Blanco*, at Riva Yares Gallery.
1988	*Pintura Reciente* exhibition at Arvil Gallery, Mexico City.
1989	Has shows entitled *Metaphoric paintings* at Riva Yares Gallery, Scottsdale and *Lidia* at Gallery 10, Santa Fe; continues to show in Mexico City.
1990	Moves to New York; first trip to Europe, returning twice yearly since; exhibition of small paintings at Riva Yares Gallery; illustrates Gabriel Garcia Marquez editorial, "Ojos de Perro Azul."
1991	Receives artist's grant from the E. D. Foundation; included in group shows at Scottsdale Center for the Arts; Allene Lapides Gallery, Santa Fe; and Steven Haller Gallery, New York.
1992	*Unparallel Lives* exhibition at Riva Yares Gallery in Scottsdale and Santa Fe.
1993	One–person show at Fernando Quintana Gallery, Bogotá, Colombia; *A Site of Relics* at Riva Yares Gallery, Santa Fe.
1994	*Roberto Marquez: Sojourns in the Labyrinth – A Survery of Paintings 1984–1994*, exhibition at Tucson Museum of Art with accompanying major publication.

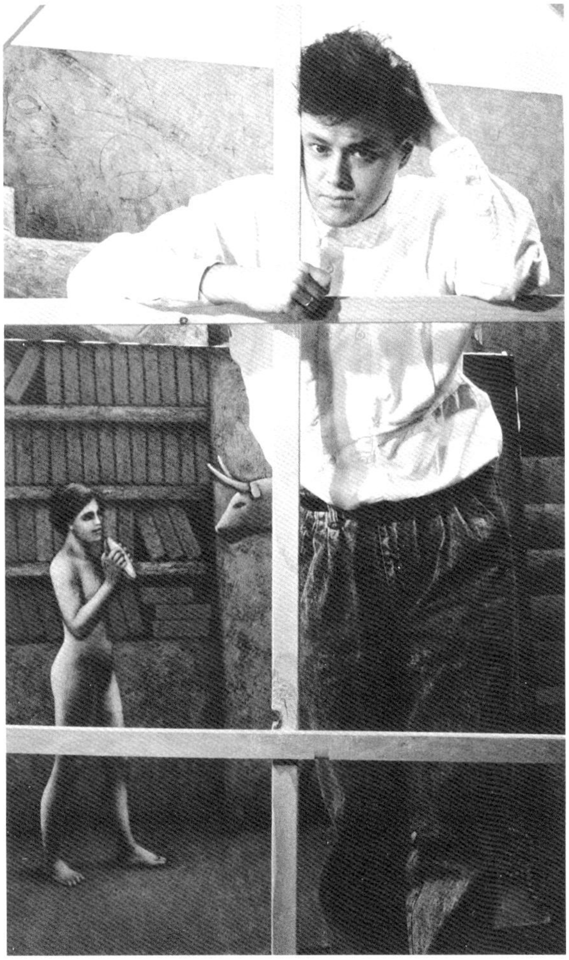

photo: Melissa Dubose

Roberto at 29

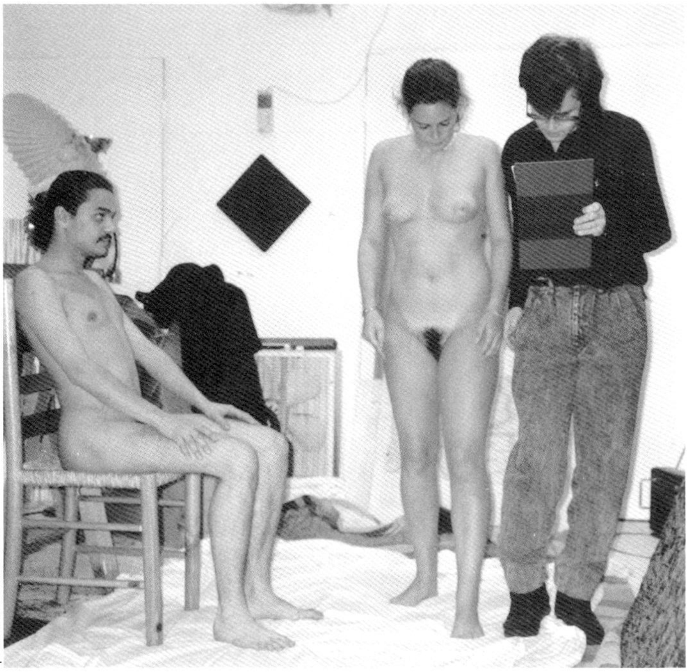

photo: Rotraut

with models, 1989

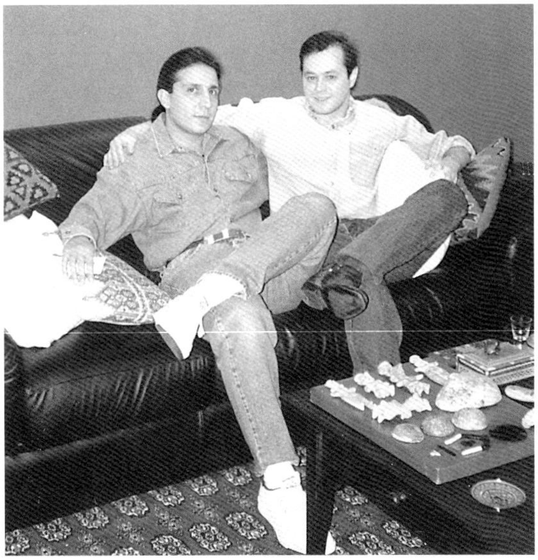

photo: Douglas Webster

with D. D. Yares, 1993

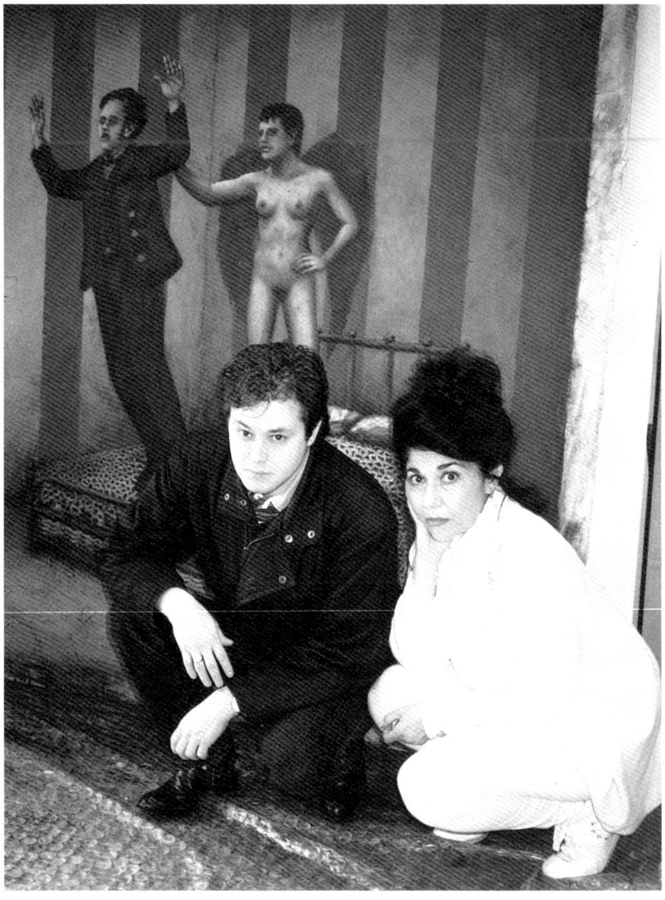

photo: Douglas Webster

with Riva Yares, 1992

SELECTED EXHIBITIONS

1982	*Sitial de Angeles*, Ex-Covento del Carmen D.B.A., Guadalajara, México
1983	*Remordimiento Póstumo*, Magritte Gallery, Guadalajara, Jal. México
1984	*Augurios* , Clave Gallery, Guadalajara, Jal. México *Las Hijas Del Fuego*, Arvil Gallery, Mexico City *Las Hijas Del Fuego*, Amart Gallery, Torreón, Coahuila, México
1986	*La Noche en Blanco*, Riva Yares Gallery, Scottsdale, Arizona *Primera Venta Anual Pro-Museo de Arte Moderno*, Modern Art Museum, Mexico City
1987	*El Artista y La Figura Humana*, Plástica Mexicana del Siglo XX *El Artista y La Figura Humana*, Centro Cultural de la Minería, Pachuca, Hidalgo, México
1988	*Pintura Reciente*, Arvil Gallery, Mexico City *Recent Works*, Shoshana Wayne Gallery, Santa Monica, California *Siete Visiones Mexicanas*, Scottsdale Center for the Arts, Scottsdale, Arizona (travelling exhibition)
1989	*Metaphoric Paintings*, Riva Yares Gallery, Scottsdale, Arizona *Lidia*, Gallery 10, Santa Fe, New Mexico
1990	*The Heart of Mexico*, Riva Yares Gallery, Scottsdale, Arizona *Painted Fictions Northwest by Southwest*, Palm Springs Museum, Palm Springs, California (travelling exhibition) *Six Identities, The Painterly Image*, The New York Studio School, New York
1991	*A Museum in the Making,* The Janssen Collection of Contemporary Art, Scottsdale Center for the Arts, Scottsdale, Arizona *Four Visionary Painters,* Steven Haller Gallery, New York
1992	*Unparallel Lives*, Riva Yares Gallery, Scottsdale, Arizona *Unparallel Lives*, Riva Yares Gallery, Santa Fe, New Mexico
1993	*Recent Works*, Galeria Fernando Quintana, Bogotá, Colombia *A Site of Relics*, Riva Yares Gallery, Santa Fe, New Mexico
1994	*Calendario Inconcluso*, Riva Yares Gallery, Scottsdale, Arizona *Sojourn in the Labyrinth*, Tucson Museum of Art, Tucson, Arizona

ACKNOWLEDGEMENTS

It is a great pleasure for me to have the opportunity to add a few words to this book on the work of Roberto Márquez, an extraordinary young artist with an enormous talent, and to acknowledge and thank at least some of the many people who made both the book and the exhibition which it accompanies possible.

This exhibition grew out of a conversation I had more than three years ago with Riva Yares just shortly after I arrived in Tucson. I had made a first trip to Scottsdale to visit galleries there, met Riva and saw Roberto's work for the first time. I was overwhelmed with its power and the talent of this very young artist. Riva suggested that we should consider doing an exhibition of Roberto's work, and here we are! I am pleased both that the exhibition has become a reality and that this book has been produced as a record of an extraordinarily creative ten years in the artist's career.

First, I would like to acknowledge and thank Joanne Stuhr, the Museum's Curator of Exhibitions. Joanne, who has had a long interest in Máquez's work, undertook this project truly as a labor of love. She was involved in its development at every phase, meeting with the artist, selecting works, fund raising, monitoring the host of details that go into the development of every Museum exhibition. And she has done so with an abiding sense of quality. Joanne provided the preface and chronology for the catalogue and served as its co–editor. The wonderful results of her efforts are here for all of us to see and enjoy. Thanks are hardly adequate to express to Joanne the depth of our gratitude to her for all her hard work.

Riva Yares and her son, Dennis, of Riva Yares Gallery have also played major roles in the project: Riva for early recognizing and long supporting the artist and urging this project; and Dennis for overseeing the many aspects of this catalogue/book including its design, and for serving as its co–editor. Riva and Dennis also participated in the selection of works for the exhibition, in securing loans and in so many other ways made the development of this project a real pleasure. For Joanne and for all of us at the Museum, thanks are extended to Riva and Dennis for all their help and support.

Thanks, too, are extended to Edward Sullivan for his essay on the artist, written with intelligence, extraordinary perception and style, and to Pierre Restany, for his introduction. These efforts on the part of both authors add enormously to the understanding of the artist's work and its place in the contemporary art world.

Funding is the critical ingredient for all exhibitions and I would like to thank here the sponsors of the exhibition: the Tucson Pima Arts Council, Hughes Missile Systems Co., Bank One Foundation and Southwest Gas Corporation. The artist's dealer in Bogotá Colombia, Galeria Fernando Quintana, also made a substantial contribution to this catalogue for which we are very grateful.

To the owners of works by Márquez who so generously lent them to the exhibition go our many thanks for lending their treasures to us to share with the public and for doing so with enthusiasm.

I have reserved very special thanks for the Roberto Márquez for working with us on all the technical aspects of the exhibition but most importantly, for his art.

Robert A. Yassin, 1994
Executive Director, Tucson Museum of Art

CATALOGUE OF EXHIBITION

1.
DESPUES DEL DILUVIO
After the Flood
1984, o/c, 48"x48"

3.
EL SUEÑO DE CHARLOTTE
The Dream of Charlotte
1985, o/c, 60"x72"

4.
LA TEORIA DEL OSO
The Theory of the Bear
1986, o/c, 72"x60"

11.
BRNI WULF ANDE RO
1987, o/c, 60"x78"

13.
DUDA A LOS 27
Doubt at 27
1987, o/c, 60"x72"

14.
LOS ESPEJOS NO TIENEN MEMORIA
Mirrors Have No Memory
1988, o/c, 60"x78"

16.
LA VIDA NO ES UN SUEÑO, PERO PUEDE LLEGAR A SER UN SUEÑO
Life is Not a Dream, But It Can Be a Dream
1988, o/c (diptych), 76"x120"

18.
MUERTE DE MANOLETE
Death of Manolete
1988, o/c, 60"x78"

21.
EL NOSTALGICO
Homesick
1989, mm/c, 60"x78"

24.
LA BALADA DE LOS TRES PABLOS
Ballad of the Three Pablos
1989, o/c, 60"x78"

26.
AUGURIO
Augury
1990, mm/c, 60"x78"

29.
MAGIA MENOR III
Minor Magic III
1990, mm/c, 72"x60"

31.
SEÑORA DE LAS FOGATAS
Lady of the Bonfires
1990, mm/c, 20"x16"

32.
RIMBAUD EN EL PECHO
Rimbaud on the Chest
1990, mm/c, 20"x16"

33.
DESPEDIDA
Farewell
1990, mm/c, 20"x16"

35.
RICHARD DE HALDINGHAM, CARTOGRAFO
Richard of Haldingham, Mapmaker
1991, o/c, 72"x60"

38.
PODRIA LLAMARTE PHAETON
Your Name Could Be Phaeton
1991, mm/c, 60"x40"

39.
SAN MIGUEL, SUPUESTO ARCANGEL
Saint Michael, Presumed Archangel
1991, mm/c, 72"x60"

41.
BOLIVAR JOVEN
Young Bolivar
1992, o/c, 60"x78"

44.
REFORMA
The Reformation
1992, mm/c, 72"x60"

45.
CONTRARREFORMA
Counterreformation
1992, mm/c, 72"x60"

48.
IFIGENIA
1992, mm/p, 89.5"x45"

49.
MELANCHTON
1992, mm/p, 89.5"x45"

54.
LA BOTANICA INCONCLUSA
Unfinished Botany
1993, o/c, 48"x48"

55.
LA RED
The Net
1993, mm/c, 48"x48"

56.
FRAGMENTOS DE LA MUJER DE LOT
Some Fragments of the Woman of Lot
1993, m/m, 12.5"x7.5"x2.5"

57.
EL VELO DE MAX ERNST
Max Ernst's Veil
1993, m/m, 12.5"x7.5"x2.5"

58.
AS YOU LIKE IT
1993, m/m, 12.5"x7.5"x2.5"

59.
FOSFOROS QUEMADOS POR SUSANA SAN JUAN AL PERDER A SU AMANTE
Matches Burnt By Susana San Juan When She Lost Her Lover
1993, m/m, 12.5"x7.5"x2.5"

60.
PINCEL HALLADO DE GREGORIO MONGE, PINTOR AUTODIDACTA
Found Brush of Gregorio Monge, Self Taught Painter
1993, m/m, 12.5"x7.5"x2.5"

61.
EL OTRO GUANTE DE MAX KLINGER
Max Klinger's Other Glove
1993, m/m, 12.5"x7.5"x2.5"

62.
OBJETOS ENCONTRADOS EN EL CEMENTERIO MARINO
Objects Found in the Sea Cementery
1993, m/m, 12.5"x7.5"x2.5"

63.
FLORES QUE CUBRIERON EL CUERPO DE SIMON EL MAGO DESPUES DE SU CAIDA
Flowers That Covered Simon Magus After His Fall
1993, m/m, 12.5"x7.5"x2.5"

64.
OCHO MONEDAS ENTRE LAS CUALES SE ENCUENTRA EL DENARIO DEL DESTINO
Eight Coins Among Which is Contained the Denary of Destiny
1993, m/m, 12.5"x7.5"x2.5"

65.
SOUVENIRS DEL ULTIMO DIA DE NERVAL
Souvenirs From Nerval's Last Day
1993, m/m, 12.5"x7.5"x2.5"

Cover
TE MOSTRARE EL PELIGRO
I Will Show You Danger
1994, o/c, 72"x60"

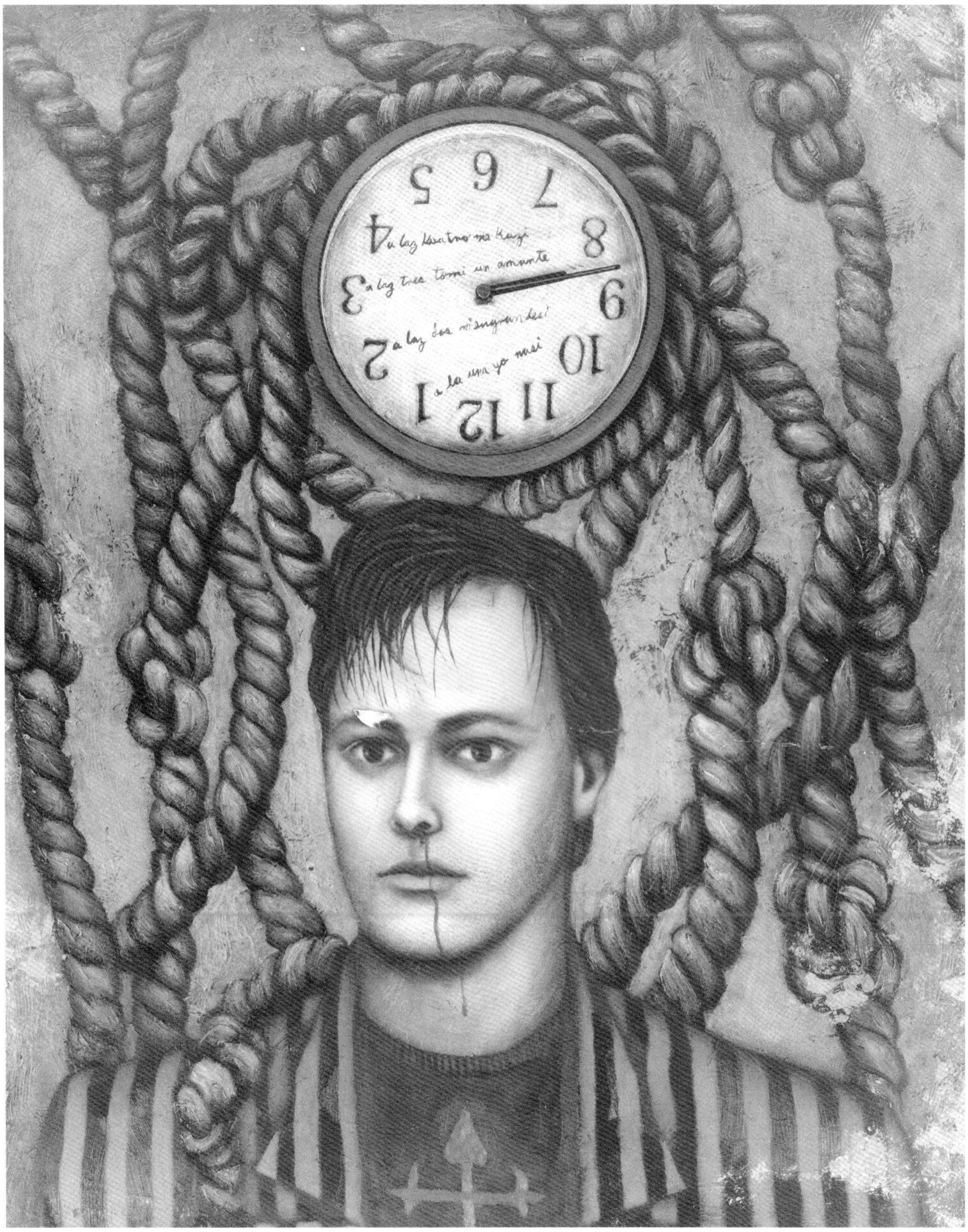

photo: Marianne P. Smith

A LA UNA YO NACI, 1994
I Was Born at One
mixed media on canvas, 30"x24"
Riva Yares Gallery